Lucie Stapenhorst

Die Drächin und der Held

In Erinnerung an meine Tochter Evelyn

Lucie Stapenhorst

Die Drächin und der Held

Vom Kampf gegen die weibliche Ur-Macht in Mythen, Märchen und Tiefenpsychologie

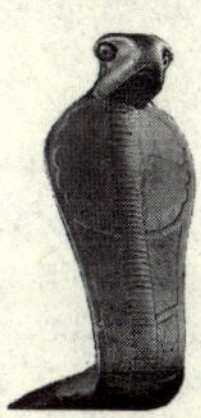

Kobra-Verlag
Norden/Ostfriesland

Titelbild:
Chaosungeheuer und Sonnengott (Assyrien).
Alabasterwandplatte aus dem Palast
des assyrischen Königs Assurnasirpal II. (885-860 v. Chr.)

1. Auflage 1993

Satz: Soltau-Kurier-Norden
Druck und Einband: Soltau-Kurier-Norden
Printed in Germany
Vertrieb: Rotation
ISBN 3-9803460-0-5

Inhalt

Zwei patriarchale Bilder

Es sind zwei Bilder, die mich zum Schreiben dieses Buches veranlaßten, die mich stutzen ließen, dann meine Empörung weckten, die sich bei dem einen Bild über Wut bis zum heiligen Zorn steigerte, bei dem anderen umschlug in Erschrecken, das zu nackter Angst anwuchs.

Was mich zornig werden läßt, ist die Gestalt der *Furchtbaren Mutter,* eine Kreation der Tiefenpsychologen, als Verkörperung von allem, aber auch wirklich allem Bösen, die mann versucht, mir als Archetypus, also als etwas Vorgegebenes, Unumstößliches, zu meinem Sein Gehörendes, in meine Seele zu hämmern. Meine seeleneigenen Abwehrkräfte kämpfen bis zur Erschöpfung gegen die Einpflanzung dieses Fremdkörpers. Die *Furchtbare Mutter* ist für mich weder eine psychische noch eine geschichtliche Wirklichkeit. Ich kenne wohl diese vom Patriarchat verformten Mütter, denen, um sie aus der Berufswelt fernzuhalten, in einem Prozeß der Selbstentfremdung beigebracht wurde, ihre Kinder seien ihr einziger Lebenssinn und die sich dann beim Älterwerden der Kinder verzweifelt an diesen *Lebenssinn* klammern und von den sich abnabelnden Kindern in der Tat als *furchtbar* empfunden werden; aber diese Patriarchatsmütter sind nicht das genuin Weibliche, sondern *gemacht* für die Bedürfnisse einer Männerwelt, und schon gar nicht können sie hochstilisiert werden zu dem machtvollen Bösen der von den Tiefenpsychologen kreierten *Furchtbaren Mutter*.

In meiner geschichtlichen Wirklichkeit gibt es die furchtbaren Männer, die mit Plan und System, mit technischen Geräten und eiskalten Herzen den Tod über die Menschen bringen und immer wieder den Tod.

Das zweite Bild, das, was mir angst macht, ist das des Drachenkämpfers, der gewöhnlich hoch zu Pferd, als heiliger Georg mit einem Heiligenschein, als heiliger Michael mit Flügeln versehen, seine Lanze in den Schlund des sich zu seinen Füßen windenden Drachen stößt, während im Hintergrund eine zarte Jungfrau kniet.

Diese beiden Bilder stehen in einem direkten Zusammenhang. Das Bild der *Furchtbaren Mutter* ist für den Drachenkämpfer eine psychische Notwendigkeit, um unverzagt und guten Gewissens immer und immer wieder zustoßen zu können. Er trifft mich ins Herz. Und ich schreie auf!

Der Drachenkampf im patriarchalen Mythos

Dieser Schrei ist uralt und Ausdruck des Erschreckens der Frau vor der brutalen Gewalt des Mannes. Diesen Schrei erkenne ich auf einem 3000 Jahre alten assyrischen Siegelzylinder. Dort ist er in der fliehenden Gestalt der Anzu, ihrem rückwärts gewandten Kopf, dem aufgerissenen Mund und den schreckgeweiteten Augen zu einer lautlosen Geste erstarrt. Buffie Johnson erklärt das Bild mit folgenden Worten: „Das Siegel zeigt den Gott Ninurta … Er zielt mit seinem sternbesetzten Bogen auf den Mund seiner Mutter, des Chaosungeheuers, deren Körper er teilt, um Erde und Wasser zu bilden“ (B. Johnson, *Die Große Mutter in ihren*

Abb. 1: Ein Siegelzylinder zeigt Ninurta, der auf die Göttin Anzu zielt. Assyrisch; ca. 1000 v. Chr.

Tieren, S. 243). Auch das Firmament und alle lebenden Wesen sind aus ihr geformt. Die Sonnenscheibe kennzeichnet Ninurta als Sonnengott und Vertreter des sich ausbreitenden Patriarchats; Sichelmond, der heilige Baum, Fische und Rauten weisen Anzu aus als Repräsentantin der alten Ordnung, des Matriarchats. Anzu wurde ursprünglich als Ischtar, als Göttin der Liebe und der Schöpferkraft verehrt, bevor sie im patriarchalen Mythos zum destruktiven Chaosdrachen wurde.

Dieses Grundmuster – die Diffamierung der Göttin, ihre Ermordung durch den Sohn, der ihre Stelle als Schöpfer einnimmt – finden wir auch in anderen Schöpfungsmythen. Auch der babylonische Gott Marduk tötet seine Mutter, das Chaosungeheuer, die Drächin Tiamat, spaltet ihren Leib und formt daraus Himmel und Erde.

Für die Bibelschreiber war die Vorstellung von einer göttlichen weiblichen Kraft, gar noch als Ursprung, als Mutter des Jahwegottes unerträglich; so ist die Göttin nur noch für Experten erkennbar. Der Alttestamentler Claus Westermann stellt fest: „Es kann kein Zweifel daran sein, daß die Darstellung der Schöpfung als Folge oder Auswirkung des Sieges eines Gottes über ein Chaosungeheuer einen besonders deutlichen Widerhall im Alten Testamtent gefunden hat" (zit. in *Drachenkampf* v. U. Steffen, S. 73). Uwe Steffen erklärt: „Es heißt in diesem Schöpfungsbericht (Gen. 1, 2): *Die Erde war wüst (tohu) und leer (bohu), und Finsternis lag über dem Urmeer (tehom), und ein Gottessturm bewegte sich unruhig über den Wassern.* In diesen Worten ist eine wenn auch *sehr ferne und blasse Erinnerung an einen Chaoskampf* festzustellen. Die Urflut = tehom *steht in unbestreitbarem Zusammenhang mit der babylonischen Tiamat, dem urweltlichen Chaosdrachen.* Möglicherweise ist bohu verwandt mit Baau, der nächtlichen Muttergöttin in der phönikischen Mythologie" (S. 75). Ich halte fest: Also steht auch in der jüdisch/christlichen Tradition am Anfang die Muttergöttin. Das belegen gleich zwei der vielen Namen, die sie auf der ganzen Welt hatte: Tiamat und Baau. Eine freudige Erkenntnis durchfährt mich: Was auch im-

mer später geschah – meine Tradition, meine Geschichte beginnt mit der Göttin.
Aber schon holt mich die patriarchale Wirklichkeit wieder ein, wenn U. Steffen fortfährt: „Urmeer und Finsternis sind keine selbstmächtigen Größen und spielen keine aktive Rolle; sie sind lediglich Material in des Schöpfers Hand. Jahwe, der *eine* Gott, kämpft nicht mit einer feindlichen Gegenmacht, sondern er schafft durch sein souveränes Wort aus dem Nichts“ (S. 76).
Wie war es nur möglich, daß die Menschen wider alle Vernunft und wider allen Augenschein diesen Schöpfergott akzeptierten, der Leben schafft *durch sein Wort!* Darauf gibt es nur eine Antwort: Mit Gewalt wurde diese Lehre in ihre Hirne eingehämmert, bis sie nicht mehr wagten, anderes zu denken. Seitdem ist es ein besonderes Verdienst im Christentum, die widernatürlichsten Lehren zu *glauben*. Je sinnwidriger die Botschaft, um so verdienstvoller ist der Glaubensakt. Anders ausgedrückt: mit schwindendem Denkvermögen wächst der Glaube.
Die Muttergöttin, die alles Leben aus sich heraus *gebar*, ist in der christlichen Tradition nur mehr „Material in des Schöpfers Hand“, ein „Nichts“. Wann immer sie wieder ihr Haupt erhebt, wirft Jahwe sie in den Staub. „Auf deinem Bauche sollst du kriechen und Staub fressen dein Leben lang“, schleudert er schon auf den ersten Seiten der Bibel der Schlange entgegen, die im Para-

Abb. 2: Gebärende Göttin, von Skorpionen beschützt. Ur; ca. 2400 v. Chr.

Abb. 3: Gebärende Göttin mit Schlangen in der Hand. Gotland, Schweden; ca. 400 n. Chr.

diesesgarten die Frau zum Streben nach Erkenntnis anregt. „Eva ist sich der Rolle der Schlange als Hüterin der Weisheit bewußt und folgt ihrem Rat trotz der Drohungen Jahwes“ (B. Johnson, *Die Große Mutter...*, S. 205).

In gnostischen Texten, die schon die frühe Kirche als häretisch verwarf, ist von einer göttlichen Mutter mit dem Charakteristikum *Weisheit* die Rede. „Sie wurde zur *großen Schöpferkraft, von der alle Dinge ausgehen* und die oft Eva genannt wird, *Mutter aller Lebenden* (diesen Titel hat Eva auch noch in der Bibel, L. St.). Um ihrer Schöpfung Gestalt zu verleihen und sie zu ordnen, brachte Weisheit den Demiurg, den Schöpfergott Israels, als ihren Beauftragten hervor“ (Elaine Pagels, *The Gnostic Gospels,* S. 53 f.). Die dramatische Strafaktion Jahwes, die Vertreibung aus dem Paradies, ist demnach nichts weiter als die Revolte eines unbotmäßigen Sohnes, wie gehabt im assyrischen und babylonischen Mythos, und die gesamte Konstruktion der Sündenlehre, die Theorie von der sündigen Menschheit und der Notwendigkeit ihrer Erlösung, beruht auf nichts weiter als auf dem Muttermord und dem daraus resultierenden Schuldkomplex des Sohnes, den

er auf die Mutter, die Schlange, Eva, die Frau, projiziert und in ihr ahndet.
Die Verehrung der Schlange als weibliche Gottheit ist uralt und findet sich überall auf der Erde. Die älteste Darstellung stammt aus der Zeit von 40 000 bis 26 000 v. Chr. und wurde in der Höhle von La Baume-Latrone, Frankreich, gefunden. Die Göttin wurde dargestellt in der Gestalt einer Schlange, von Schlangen umwunden, mit Schlangen in den erhobenen Händen oder mit dem Schlangenmuster auf dem Körper. „Die Fähigkeit der Schlange, die Haut abzustreifen und erneuert daraus hervorzugehen, stellt die Schlange in die vorderste Reihe der Tiere, die mit der Wiedergeburt in Verbindung gebracht werden und sowohl an die lebenspendende Energie der Erde als auch an die Unterwelt, an das Land der Toten, gemahnen" (B. Johnson, *Die Große Mutter...*, S. 136). Ihre Abstraktion, „die Spirale, eines der auffallendsten Motive der prähistorischen Kunst, bedeckt oft die Brust oder das Geschlecht" der Göttin „und taucht überall in der Welt auf Grab- und Türschwellensteinen auf. Als Doppelspirale weist sie auf Wiedergeburt oder Erneuerung hin" (S. 143/144).

Es ist von erschreckender Eindeutigkeit, daß es eine der ersten Taten des alttestamentlichen Gottes ist, die Schlange zu verfluchen (Gen. 3, 14). Sein Sohn als *Sonne der Gerechtigkeit* (Kirchenlied) ist beauftragt, ihr siegreich sein Kreuz in den Rachen zu stoßen.

Ähnliches ereignete sich in Griechenland an der Orakelstätte Delphi, wo der Sonnengott Apollon die Schlange Python tötete, „eine bildhafte Metapher für die Vernichtung der mutterzentrierten Kräfte, die zuvor in Delphi den Ton angegeben hatten, durch den neuen männlichen Gott" (S. 162/163).

In katholischen Kirchen können wir neben Christus auch noch den Drachenbezwinger Michael bewundern. Von seinem Kampf lesen wir in der Offenbarung 12, 7–9: „Da entbrannte ein Kampf im Himmel: Michael und seine Engel kämpften gegen den Drachen. Auch der Drache und seine Engel kämpften, doch konnten

Abb. 4: Der Stamm der Baga in Guinea betete bis in neuere Zeit die Pythongöttin Niniganni an. Guinea.

Abb. 5: Goldene Statue der von einer Schlange umwundenen Dea Syria. Rom; 3. Jahrhundert v. Chr.

sie sich nicht behaupten und verloren ihren Platz im Himmel. Gestürzt wurde der große Drache, die alte Schlange, genannt *Teufel* und *Satan*, der die ganze Welt verführt." Uwe Steffen kommentiert diesen Kampf folgendermaßen: „Dieser jüdische Mythos vom Engelsturz gehört zu den zahlreichen Mythen von einer geistigen Ur-Katastrophe im Himmel und im Kosmos, vom Drachenkampf, vom Kampf des Lichtes gegen die Finsternis, von der Besiegung eines chaotischen dunklen *Urweiblichen* und vom Eingreifen einer rettenden Macht, die das Chaos überwindet" (*Drachenkampf,* S. 100). Und damit habe ich es schwarz auf weiß: „Der große Drache, die alte Schlange, genannt *Teufel* und *Satan*, der die ganze Welt verführt", ist nichts anderes als das chaotische dunkle Urweibliche!

Uwe Steffen fährt fort: „Die Michaelsheiligtümer befinden sich an exponierter Stelle, meist auf einem Berg über dem Meer, in einer Höhle ... Die Höhlen waren meist ehemalige heidnische Kult- und Heilstätten und als solche die ältesten Tempel der Menschheit. Michael besiegte die dort verehrten chthonischen Gottheiten (*Gottheiten* sind im männlichen Sprachgebrauch Göttinnen. Männer tun sich schwer, das Wort *Göttin* über die Lippen zu bringen, L. St.) und überführte die in der Erde wirkenden Kräfte in den Dienst des einen Weltenherrn" (S. 109/110). Mit welch einer Arroganz wird hier die Zerstörung der ältesten Tempel der Menschheit gutgeheißen! Mit welcher Rigorosität wird mißachtet, was Menschen seit Menschengedenken verehrten! Und mit welcher Überheblichkeit wird die Unterwerfung der Muttergottheit unter die Gewalt des *Weltenherrn* als Sieg gefeiert! Was ist es, was diesen Herrn zum Weltenherrn macht? Es ist nicht die Verehrung der Menschen, es ist die Gewalt. A. Rosenberg nennt diese Gewalttat „die Ur- und Grundsituation der Heilsgeschichte – das Urdrama der Welt, das bewußt oder unbewußt allen Dramen der Völker, insbesondere aber denen der abendländischen, zum Vorbild gedient hat" (zit. in *Drachenkampf,* S. 108).

Abb. 6: Eine Göttin schwingt
heilige Ottern.
Palast von Knossos, Kreta;
16. Jahrhundert v. Chr.

Abb. 7: Streifen auf dem Körper einer
Madonna deuten auf eine
Schlangengöttin hin.
Sesklo, Griechenland; frühes
5. Jahrtausend v. Chr.

Diese Heilsgeschichte, dieses Urdrama, die Vernichtung des „chaotischen dunklen Urweiblichen“, findet seine Fortsetzung zu Beginn der Neuzeit in den Hexenverbrennungen.
Im 20. Jahrhundert bekommt der Kampf gegen den Drachen, die Schlange, die Frau eine neue Dimension: Die Tiefenpsychologie tritt auf den Plan. Für die TiefenpsychologInnen sind die patriarchalen Schöpfungsmythen Analogien zur Entwicklung des männlichen Bewußtseins, wobei sie in ihren Formulierungen – und in ihrem Denken – allerdings die Wörter *patriarchal* und *männlich* weglassen. Sie verkünden ihre Theorien mit dem Anspruch auf allgemein *menschliche* Gültigkeit.
Für C. G. Jung „sind die Mythen *in erster Linie psychische Manifestationen, welche das Wesen der Seele darstellen*“ (zit. in *Drachenkampf,* S. 22). Das eigentliche Drama spielt sich im Innern ab, wird nach außen projiziert und dort vom Bewußtsein wahrgenommen. Die Mythen von der Ermordung der Mutter durch den Sohn, von der Besiegung des Urweiblichen, stellen demzufolge „das Wesen der Seele“ dar. Welcher Seele, der Seele des Mannes oder der Frau? Eine Frau dürfte kaum diese selbstmörderischen Ambitionen hegen.
Wenn Jung behauptet, mythisierte Naturvorgänge seien „symbolische Ausdrücke für das innere und unbewußte Drama der Seele, welches, gespiegelt in den Naturereignissen, dem menschlichen Bewußtsein faßbar wird“ (S. 55), frage ich mich: Wo in der Natur ereignet es sich – außer bei der menschlichen Gattung –, daß die Mutter vom männlichen Nachkommen getötet wird? Welche Naturvorgänge, um alles in der Welt, hat C. G. Jung beobachtet, die das von ihm diagnostizierte Seelendrama *Muttermord* spiegeln?
Wenn zigjahrtausendelang die Menschen, die einen ganz anderen, unmittelbareren Zugang zur Natur hatten als wir zivilisierten Großstadtbewohner, aufgrund ihrer Naturbeobachtungen die Schlange als weibliche Gottheit verehrten, so ist deren Vernichtung durch den männlichen Drachentöter wohl kaum als natürlicher Vorgang zu bezeichnen, sondern eher als eine Vergewalti-

Abb. 8: Cucuteni-Schlangengöttin mit gepunkteten Linien und einer mit einem Punkt versehenen Raute über dem Schoß.
Bernovo-Luka, Ukraine; frühes 5. Jahrtausend v. Chr.

Abb. 9: Die Herrin von Pazardzik auf dem Thron trägt eine Doppelspirale auf der Vulva und Rauten auf den Schenkeln.
Bulgarien; Mitte des 3. Jahrhunderts v. Chr.

gung der Natur bzw. der Frau durch den Mann. Dieses Drama spielt sich in der Tat in der männlichen Psyche ab und bedarf dringend einer Analyse und Therapie durch die TiefenpsychologInnen. Statt dessen feiern diese den Drachentöter als Helden, als das Ich mit dem klaren Bewußtsein, das Ich auf dem höchsten Stand der Entwicklung, als Weltenherrn schlechthin, und verunglimpfen die Schlange und Drächin als *Furchtbare Mutter* mit einem wahrhaft erschreckenden Sündenregister, das sich bei näherem Hinsehen allerdings als die Liste der projizierten männlichen Untaten entpuppt.

Der Jung-Schüler Erich Neumann behauptet von dem die männliche Gewalt verherrlichenden Mythos, daß „wir an seinen durch kein Bewußtsein getrübten Selbstaussagen den echten Erfahrungsbestand der Menschheit ablesen können" (*Amor und Psyche,* S. 72). Diese Behauptung ist falsch: Wir haben keinen einzigen Mythos vorliegen, der nicht durch männliches Bewußtsein *getrübt* wäre, und zwar immer zum Nachteil der Frau.

Hier erhebt ein Tiefenpsychologe für den Mythos einen Anspruch, den die Theologen für die Bibel unter dem Druck der Forschung, wenn auch wehen Herzens und nach unendlichem Sträuben, aufgegeben haben. Kein ernstzunehmender Theologe behauptet noch, das Wort Gottes habe uns *durch kein Bewußtsein getrübt* erreicht. Widerstrebend wird auch zugegeben, daß es immer das männliche Bewußtsein war, das sehr zum Schaden der Frau *trübte*. Wenn auch die verfälschten biblischen Mythen trotzdem unverändert weitergepredigt werden – als eklatantestes Beispiel führe ich nur den Mythos von Eva an, ihre Verfälschung von der Göttin zur großen Verführerin und Sünderin der Menschheit –, so muß doch offiziell eingestanden werden, daß der Glaube an die Verbalinspiration Gottes, d. h. der Glaube daran, daß Gott den Bibelschreibern die Bibel Wort für Wort diktierte, inzwischen aufgegeben wurde.

Diesen Schritt hat E. Neumann, der Tiefenpsychologe, noch nicht vollzogen. Er glaubt unbeirrt an die Verbalinspiration des Selbst im patriarchalen Mythos. Als Mann läßt es sich, vermute

Abb. 10: Das Kreuz Christi überwindet den Drachen.
Buchmalerei unter Abt Conrad von Scheyern, 1206–1225

Abb. 11: Michaels Kampf gegen den Drachen.
Blatt 10 von Albrecht Dürers Holzschnittfolge zur Apokalypse, 1498.

ich, auch recht gut damit leben. Aber wenn er dann anfängt, den *getrübten* Mythos auszulegen – „uns gilt es, diesen mythologischen Tatbestand psychologisch zu verdeutlichen“ (S. 70) –, dann wird es für uns Frauen kriminell. Dann werden uns unsere bitteren Erfahrungen im Patriarchat als Archetypen untergejubelt; dann kommen seine Aussagen über die archetypische Beschaffenheit der Frau bei seinen AnhängerInnen kirchlichen Dogmen gleich. Und nehmen wir gar den Kampf auf gegen die männliche Vergewaltigung, dann nehmen wir eine „männerfeindliche Matriarchatshaltung“ ein, dann wird in uns „diese männerfeindliche Matriarchatsschicht des Unbewußten“ aufgerufen, denn „Männermord und Kastration (sind die) Abwehr oder Herrschaftssymbole des Matriarchats“ (S. 80).

Ist das Patriarchat unübersehbar frauenfeindlich, so hat für einen patriarchalen Geist trotz gegenteiliger Beweise das Matriarchat männerfeindlich zu sein. Diese Erkenntnis wird aus einer simplen gedanklichen Umkehrung gewonnen. Sehen wir uns dazu Männer und Frauen im täglichen Leben an, so stellen wir fest, daß es keine Mutter gibt, die nur ihre Töchter liebt und nicht auch ihre Söhne, daß alle Männer eine sie liebende Mutter haben; dagegen aber, zwar im Dunkeln verborgen, gibt es eine Unzahl von Männern, die ihre Töchter sexuell mißhandeln, so daß jedes vierte Mädchen in Deutschland einen sie mißhandelnden Vater oder Onkel hat.

Die tiefenpsychologische Diffamierung der Frau steht der theologischen in nichts nach; und in folgendem Satz sind dann auch für E. Neumann das JHWH-Prinzip und das patriarchale Bewußtsein identisch: „Sie (Dalila) ist als negativ Weibliches die verderbliche Anima, darüber hinaus aber die tödliche Muttergottheit Kanaans im Kampf mit dem JHWH-Prinzip und mit dem Bewußtsein“ (S. 111) – dem patriarchalen Bewußtsein, selbstredend. Und wie uns die Geschichte und die eigene Erfahrung lehren, hat dieses zusammen mit dem JHWH-Prinzip den Sieg davongetragen über das „negativ Weibliche, die verderbliche

Anima“ und „tödliche Muttergottheit“, über die Frau ganz allgemein.
Sankt Michael empfängt uns am Kirchenportal mit erhobenem Schwert, die Drächin unter den Füßen. Und die Christenheit betet: „Du Fürst der himmlischen Heerscharen, verteidige uns im Kampfe gegen die Bosheit und die Nachstellungen des Teufels... stürze den Satan und die anderen bösen Geister, die zum Verderben der Seelen in der Welt umherschleichen, durch die Kraft Gottes hinab in die Hölle. Amen.“

Abb. 12: St. Michael, Monte St. Angelo

Der Drachenkampf in der männlichen Psyche

„Die Auseinandersetzung zwischen der matriarchalen und der patriarchalen Welt … die Überwindung dieses Gegensatzes in einer neuen Synthese … in der psychischen Wirklichkeit des einzelnen und des Kollektivs … ist eine der wesentlichen individuellen und kulturtherapeutischen Zukunftsaufgaben unserer Zeit", schreibt der Tiefenpsychologe Erich Neumann 1952 in seinem Buch *Zur Psychologie des Weiblichen* (S. 8). Und dann kann ich nur staunen darüber, wie er sich den Entwicklungsweg der Frau, also meinen Weg, bis hin zu dieser Synthese vorstellt.
Zunächst habe ich zu begreifen, daß mein logischer Verstand, mein ausgeprägter Wille, meine Aktivität nicht etwas für mich Typisches sind, das, was meine Person ausmacht, sondern eher sozusagen eine Anleihe beim Mann, tiefenpsychologisch ausgedrückt, mein männlicher Anteil, mein animus, vor dessen allzu *besessenem* Ausleben die Tiefenpsychologen (C. G. Jung, E. Neumann, E. Drewermann) einhellig warnen; denn dann kann die Frau, „von ihrer männlichen Animusseite verfolgt, nicht unterlassen, trennende und ärgerliche *Gesichtspunkte* zu haben, kritische Bemerkungen zu machen usw., um dann entsprechend verletzt und verwundet zu sein, wenn dies die so sehnlichst erwünschte Seelengemeinschaft mit dem Mann stört" (E. N., *Zur Psychologie…*, S. 49). Also: verbohrte Standpunkte zu vertreten ist das alleinige Vorrecht des Mannes. Kritik aus Frauenmund – wie ärgerlich! Das Schweigegebot des heiligen Paulus in tiefenpsychologischer Auflage!
Und doch bin ich „gezwungen, auch die männliche Seite zu entwickeln" – natürlich dabei immer den Seelenfrieden des Mannes im Blick habend –, „ohne welche eine Kulturleistung nicht mög-

lich ist“ (S. 27). Denn im Vergleich mit dem Mann fällt die „geringere sichtbare geistige Leistung der Frau, das Fehlen des schöpferischen Werkes“ (S. 97) ins Auge. Ich bin bereit, E. Neumann zugute zu halten, daß Anfang der 50er Jahre vielleicht noch nicht für jeden die kulturzerstörenden Folgen der männlichen Leistungen offenkundig waren. Nicht entschuldbar ist für mich die Impertinenz, vor dem Hintergrund des jahrhundertelangen Ausschlusses der Frauen von den Bildungsinstituten das Fehlen ihrer schöpferischen Leistungen zu beklagen und zu behaupten, daß „das Männliche mit seiner Entwicklung zum patriarchalen Bewußtsein dem Weiblichen eine Stufe voraus“ ist (S. 97), wobei für E. Neumann außer Frage steht, daß auch das Weibliche sich zum patriarchalen Bewußtsein hin entwickelt; denn das patriarchale Bewußtsein, „das vom Unbewußten weitgehend getrennte, um das Ich zentrierte Bewußtsein“ ist nun mal die „Basis des wissenschaftlichen Denkens im Abendland“ (S. 26). Leider! Deswegen hängt für die Frau „Bewußtwerdung und Kulturierung aufs engste mit dem Männlichen zusammen“ (S. 26). Ihre Entwicklung geht „zunächst über das männliche Du, das für das Weibliche die Rolle des erlösenden Bewußtseins spielt“ (S. 26), mythologisch ausgedrückt im Bild „des männlichen Helden, der die gefangene Jungfrau vom Drachen erlösen muß“ und das „befreite Weibliche in seine eigene Domäne, die des *Patriarchats*“ (S. 27) führt, auch wenn die Frau oft meint, „sich selber entfremdet zu sein … Ihr Leiden ist legitim … gemessen an der naiven und aufzugebenden Totalität und Eindeutigkeit in der Ursprungssituation“ (S. 51).

Diese sogenannte Erlösung bzw. Befreiung der Frau zur Selbstentfremdung, zum Leben im Patriarchat ist nach tiefenpsychologischer Deutung eine notwendige Entwicklungsstufe; denn das weiblich-matriarchale Bewußtsein herrscht „in der menschlichen Frühzeit ebenso wie ontogenetisch in der ihr entsprechenden Phase des Kindes“ (S. 60). „Die Menschheit dieser Phase (lebt) noch mehr im Unbewußten … als im Bewußtsein (um so mehr muß ich staunen über die von J. McMann beschriebenen Fähigkeiten und Leistungen, die die Menschheit in diesem unbewußten, kindlichen Dämmerzustand entwickelte, siehe dazu S. 47, L. St.), weil sich die Entwicklung, die in der patriarchalen Selbstbewußtwerdung des Bewußtseins gipfelt, noch nicht vollzogen hat" (S. 64). Welch ein Edel- und Heldenmut des Mannes, die Frau mitzureißen auf den Gipfel seiner Selbstbewußtwerdung!

Auf dieser *Entwicklungsstufe* spielen sich die Drachenkämpfe ab, bei denen sich die Jungfrau eigentümlicherweise – ihrem Wesen gemäß, wie die Tiefenpsychologen sagen – auffallend passiv verhält. Um so verbissener kämpft der Held, als gälte es sein Leben, sein patriarchales Leben. Und in der Tat, um dieses geht es ihm.

„Der Drache versinnbildlicht das zu überwindende Hindernis, das der Bewußtwerdung und dem inneren Fortschreiten im Wege steht, das Unbewußte, das das erstarkende Ich in seinen mütterlichen Schoß zurück*schlingen* will und es mit *Auslöschung* bedroht. Insofern ist der Drache ein Sinnbild des Bösen ... Sein *Feueratem* betont den *verzehrenden, fressenden* Aspekt des Drachen, der eine Verkörperung der verschlingenden Mutter, des negativen Aspekts des Unbewußten ist ... Der Drache ... ist Symbol für die archaischen *Triebkräfte*, die die Bewußtseinswelt überschwemmen, die das, was im Menschen der Zivilisation und dem kulturellen Fortschritt dient, *bedrohen* und das, was das Bewußtsein erarbeitet und aufgebaut hat, wieder einreißen und zerstören" (Uwe Steffen, *Drachenkampf,* S. 177).

Es ist der „furchtbare Aspekt der *Großen Mutter,* der *Göttin der Nacht,* welche der mythologische Held im Drachenkampf seines Prüfungsweges zu überwinden hat ... das Symbol der Unterwelt und der *Hölle*, die Urgefahr, die dem Männlichen auf seinem Wege zu seiner Selbstwerdung entgegentritt" (E. N., *Zur Psychologie...*, S. 108/109).

Gnadenlos, mit eisernem Schritt und Tritt wird der Held unter seinen Kommißstiefeln alles zertreten, was es wagt, sich ihm in den Weg zu stellen, ihn in Frage zu stellen einfach dadurch, daß es anders ist. Und er läßt die Kirchenorgeln spielen, damit sie die

Schreie der Hexen übertönen, und während er die jüdischen Leichen in die Massengräber schafft, dudelt Marschmusik aus den Lautsprechern. Zu all den *furchtbaren Aspekten*, die die Tiefenpsychologen der *Großen Mutter* anhängen, hat der Mann des Patriarchats in den vier- bis sechstausend Jahren seiner Herrschaft die geschichtlichen Tatsachen geschaffen: Er hat fremde Kulturen, Rassen und Frauen *ausgelöscht*, ihre Reichtümer *verschlungen*; seine Bomben *verzehrten und fraßen* Städte und Dörfer; sein *Feueratem* loderte ein Jahr lang über den Ölquellen von Kuwait; seine *Triebkräfte* schrecken vor den eigenen Töchtern nicht zurück; seine KZs waren die *Hölle*. Die größte *Bedrohung* der Menschheit sind seine Zivilisation und sein Fortschritt.

Und noch etwas: Es gibt keine Mutter, die ihre Kinder verschlingt, nicht auf der psychischen, nicht auf der geschichtlichen Ebene. Auch keine Groß-Mutter! Was Tiefenpsychologen als einen Archetypus ausgeben, ist in Wahrheit ein Gebilde aus männlichen Projektionen.

Und was sie als den Prüfungsweg des Helden bezeichnen, ist dessen Heraustreten aus der Ordnung, die seit Anbeginn in allen Dingen ist. Das *erstarkende Ich* sieht sich nicht mehr als Teil eines sinnvollen Ganzen, sondern schwingt sich in seiner Selbstwerdung auf zum Maß aller Dinge, zum Herrn der Schöpfung nach dem Motto *macht euch die Erde untertan*. Der Drachenkampf ist also im Grunde der Kampf gegen die Ordnung selbst, gegen das Lebensgesetz, das von den Anfängen der Menschheit an, wie archäologische Funde und Mythologien beweisen, als weiblich erkannt wurde, da Frauen es durch ihre biologischen und geistigen Voraussetzungen leben: etwas Neues entstehen und reifen lassen, gebären, nähren, beschützen und verwandeln. Im Drachen bekämpft und tötet der Held das Weibliche, die Große Mutter als Garantin des Lebens. Er bekämpft und tötet die Identität der Frau als Tochter der Göttin und schafft sich statt dessen das Weibchen, das Seelchen, die anima, die Vatertochter, und statt der Lebensordnung praktiziert er das Recht des Stärkeren. Die von E. Neumann erhoffte Synthese zwischen dem Matriar-

chat und dem Patriarchat ist eine Illusion, da deren unterschiedliche Geisteshaltungen sich nicht miteinander vereinbaren lassen: Leben-/Wachsen-lassen verträgt sich nicht mit Ausbeutung und Unterdrückung, Überzeugen nicht mit Gewalt, Fürsorge nicht mit Rücksichtslosigkeit. Die Basis des Patriarchats ist Ungerechtigkeit, seine Entstehung und seinen Fortbestand verdankt es psychischer und physischer Vergewaltigung des Weiblichen. Hinter E. Neumanns Vorstellung, eine Frau müsse sich für eine Weile patriarchales Bewußtsein aneignen, um ganz sie selbst werden zu können, verbirgt sich die gleiche Arroganz wie hinter dem Ehrgeiz des weißen Mannes, der übrigen Welt seine Kultur überzustülpen. Kommen auch diesbezüglich inzwischen Zweifel auf und wird Bedauern laut über die mittlerweile zerstörten fremden Kulturen, so wird die Kultur der Frau noch nicht einmal wahrgenommen, deren Geschichte hartnäckig verschwiegen, ihre Inhalte und Werte, Strukturen und Methoden werden auf ein Etwas-mehr-an-Gefühl reduziert. Wenn auch das Patriarchat neben sich nichts anderes gelten läßt, so haben Frauen sich doch immer eine Ahnung ihrer Vergangenheit und ihres Andersseins bewahrt. Ihre Individuation wird darin bestehen, an diese ihre Ahnung anzuknüpfen. Nichts ist so abwegig wie die Forderung E. Neumanns, eine Frau müsse auf ihrem Individuationsweg zum Zwecke ihrer *Kulturierung* zeitweise ihre Mutter verleugnen, sich gar wie befreit fühlen, wenn der Held sie tötet; sie müsse sich also mit Freuden von ihren eigenen Quellen abschneiden. Ich kann nicht in ein und demselben Atemzug aus dem Brunnen schöpfen und ihn zuschütten.
Die Zeitbombe *Patriarchat* kann nicht therapiert, sondern nur beseitigt werden. Damit rede ich nicht einem Holocaust der Mäner das Wort, sondern einem Holocaust des patriarchalen Bewußtseins.

Der Chaosdrache im Visier der ForscherInnen

Eine unverhoffte Rehabilitation erfährt seit neuester Zeit das Chaos – in der Symbolsprache der Drache – ausgerechnet von einigen VertreterInnen der Naturwissenschaft, jener Wissenschaft, die nur erstarken konnte, weil sie in ihren Anfängen systematisch und jahrhundertelang in Zusammenarbeit mit der Theologie und Juristerei alle ausrottete, die ein anderes Weltbild vertraten als sie. In dem Buch *Die Entdeckung des Chaos* von John Briggs und F. David Peat finde ich allerdings kein Wort von den Verbrennungen der Hexen und davon, daß sie bereits nach dem System wirkten, das die ChaosforscherInnen jetzt meinen entdeckt zu haben, nach dem Ganzheitsprinzip, das besagt, daß alles in einem Zusammenhang steht: Geist und Körper, Mensch und Natur, Mikrokosmos und Makrokosmos. Nur in Ansätzen lassen die Autoren anklingen, daß es sich bei ihrer Chaostheorie um die Wiederentdeckung von etwas Uraltem handelt. Zum Beispiel berichten sie, daß bei den endlosen Computerspielen mit dem Ziel, die Entstehung von Ordnung aus dem Chaos zu ergründen, auf dem Bildschirm das Bild der Doppelspirale erschien, und stellen fest, daß schon vor 4000 bis 6000 Jahren Menschen diese Doppelspirale in ihre Grabsteine ritzten (s. Abb. 15, 16). Was sie unterlassen zu erwähnen, ist die Tatsache, daß jene Menschen in einer matriarchalen, von weiblicher Weisheit geprägten Kultur lebten.

Ich halte es schon für notwendig, deutlich zu machen, daß der *männliche* Geist, um auch die Doppelspirale zu entdecken, das heißt die Zusammenhänge von Chaos und Ordnung, von Tod und Leben, einen Zeitraum von 4000 bis 6000 Jahren und einen ungeheuren Aufwand an Technik brauchte und daß er genau in dieser Zeitspanne und mit dieser Technik die Voraussetzung schuf für die Zerstörung unserer Erde. Ich halte auch die Tatsache für bedeutsam, daß, seitdem Anfang unseres Jahrhunderts Frauen zum Studium der Naturwissenschaften zugelassen wurden, eine Wende im naturwissenschaftlichen Denken einsetzt, weg vom Reduktionismus, hin zur Ganzheitlichkeit.

Es stimmt mich nachdenklich, daß, solange das Chaos als bedrohlich und böse gilt, es mit dem Weiblichen, mit der Frau identifiziert wird wie z. B. in der Theologie und Tiefenpsychologie, daß hingegen für die NaturwissenschaftlerInnen, die das Chaos als das Ursprüngliche, alles Umfassende und alles Bewegende mit einer ihm eigenen Ordnung erkennen, dessen Geschlecht kein Thema ist.

Was ist es nun, was uns die ForscherInnen über den Drachen, die alte Schlange, das Ungeheuer, die Furchtbare Mutter, über das Chaos mitteilen? Mit der bisherigen wissenschaftlichen Methode des Reduktionismus ist ihm nicht beizukommen, da sie auf der Annahme beruht, das Ganze sei zu verstehen, wenn es in seine einzelnen Teile zerlegt und von diesen her definiert wird; denn das Ganze sei nichts weiter als die Summe seiner Teile. Drastisch ausgedrückt: wenn ich einer Fliege alle Beine, Flügel, Fühler usw. ausreiße und diese bestimme, dann weiß ich, was eine Fliege ist. Wenn das Ergebnis trotzdem unbefriedigend ist, so liegt das daran, daß ich noch nicht genug ins Detail gegangen bin, daß mir noch die Möglichkeit fehlt, die kleinsten Teilchen zu entdecken. Die Ziele dieser Methode sind Vorhersagbarkeit, Kontrolle, Macht.

In den 60er Jahren stellte die Chaosforschung die quantitative Sichtweise des Ganzen, das Addieren der Teile in hierarchischer Ordnung, in Frage und propagierte eine qualitative Betrachtung: Das Ganze ist nicht länger eine statische Größe, sondern ein dynamischer Prozeß, bei dem alle Teile ständig in Bewegung sind und in Beziehung zueinander treten. Jedes ist von jedem abhängig und besitzt die Information vom Ganzen. Jedes Teil *ist* das Ganze. Dieser Prozeß verläuft nicht linear; sondern in steter Rückkoppelung knüpft er am Gewesenen an und bezieht das Bisherige mit ein. Sein Symbol wäre die Spirale. Von Interesse ist „das Ganze in seinen Bewegungen und seinem Wandel" (Briggs/Peat, *Die Entdeckung des Chaos,* S. 117). „Regelmäßige, simple Ordnungen (die mit der quantitativen Betrachtung zu verstehen sind, L. St.) sind in der Natur durchaus die Ausnahme und nicht die Regel" (S. 162). Die Welt als Ganzes und die Mehrzahl ihrer Systeme sind nichtlinear, das heißt chaotisch, in den Aktionen nicht vorhersagbar.

„Das Hirn (zum Beispiel) muß im Prinzip unregelmäßig arbeiten, sonst würden wir epileptisch. Dies zeigt, daß Unregelmäßigkeit, Chaos, zu komplexen Systemen führt. Das bedeutet nicht etwa Unordnung, im Gegenteil, ich würde sagen, gerade das Chaos macht das Leben und die Intelligenz möglich" (S. 251). „Für das Gehirn ist Chaos etwas völlig Normales – wird es aber durch zuviel Ordnung induziert, so ist es verheerend" (S. 254). Was „oberflächlich gesehen als Unordnung erscheint, besitzt einen hohen Grad inneren Zusammenhangs" (S. 186) aufgrund von Kooperation und Kommunikation. Das Chaos bringt in Form von Selbstorganisation seine eigene nicht vorhersagbare Ordnung hervor, und darin liegt „das Geheimnis der Kreativität der Natur" (S. 225). Voraussetzungen für Kreativität sind Ungewißheit, Zweifel, Fragen, ein Weit-weg-vom-Gleichgewicht-Sein. „Das Chaos (ist) die Quelle aller Gestalt und allen Lebens" (S. 228).

„Ist dies eine Niederlage des menschlichen Geistes (des männlichen Geistes! L. St.)? Als Wissenschaftler haben wir keine Wahl; wir können nicht die Welt für Sie beschreiben, wie wir sie gerne sähen, sondern nur so, wie wir sie durch die vereinte Wirkung von experimentellen Ergebnissen und neuen theoretischen Begriffen sehen können " (S. 227).

Was diese WissenschaftlerInnen ebenfalls sehen und beschreiben, ist der Tatbestand, daß in der Natur entgegen gängiger Meinung keineswegs das Prinzip des Stärkeren regiert. Nicht der gnadenlose Konkurrenzkampf regelt das Gleichgewicht, sondern die Kooperation, die Symbiose. Die Mikrobiologin Lynn Margulis von der Boston University „weist überzeugend nach, welch machtvoller Mechanismus die Kooperation in der Evolution darstellt…: *Der Konkurrenz, in der der Stärkere gewinnt, wurde viel mehr Aufmerksamkeit geschenkt als der Kooperation. Aber einige auf den ersten Blick schwache Organismen haben langfristig dadurch überlebt, daß sie Teile von Kollektiven waren, während die sogenannten starken, die nie den Trick der Kooperation lernten, zum Abfall der Evolution geworfen und ausgelöscht wurden*" (S. 233).

Der Russe Peter Kropotkin stellt fest: „Wenn wir … die Natur fragen …, wer sind die Tüchtigsten: jene, die ständig miteinander im Krieg liegen, oder jene, die einander unterstützen, so sehen wir sofort, daß jene Tiere, die die Gewohnheit gegenseitiger Hilfe erworben haben, zweifellos die tüchtigsten, bestangepaßten sind. Sie haben mehr Überlebenschancen, und sie bringen es auf ihrer jeweiligen Stufe zum höchsten Entwicklungsgrad der Intelligenz und der Körperorganisation" (S. 239).

Entwicklung, Evolution und höhere Intelligenz durch Kooperation und Symbiose – ist das das *Aus* für den Helden? Das Postulat der TiefenpsychologInnen, der Held möge in einsamem Kampf das Chaosungeheuer, den Drachen, vernichten, um sich auf eine höhere Entwicklungsstufe zu schwingen, erscheint vor dem Hintergrund der Chaosforschung zumindest mehr als zweifelhaft.

Von der feuerspeienden Schlange

Ein Ritter ritt einst auf die Jagd. Da kam ihm von ungefähr ein alter Mann entgegen und bat den edlen Herrn um eine Gabe. Dieser gab ihm willig ein Goldstück und wurde von dem armen Greis mit Segenswünschen überhäuft. Dann sprach der alte Mann:
„Euch stehen Abenteuer bevor, und zu Eurem Schutz gebe ich Euch einen Fuchs mit. Den entsendet im Augenblick der höchsten Gefahr, und er wird Euch retten."
Dann pfiff der Alte, und in mächtigen Sprüngen kam ein grauer Fuchs herbei und schmiegte sich schmeichelnd an den Ritter. Dieser nahm das gute Tier auf den Arm, schwang sich auf sein Roß und ritt von dannen, dem Alten, der mit entblößtem Haupte dastand, Grüße zuwinkend.
Gegen Abend kam der Jüngling vor eine dunkle Höhle, stieg vom Pferd, band dasselbe an eine Tanne, rief den Fuchs, der ihm wie ein Hund folgte. Kaum hatte er aber einige Schritte getan, so wich er erschrocken zurück, denn vor ihm stand in kurzer Entfernung eine furchtbare Feuerschlange, größer und scheußlicher als der scheußlichste Drache. Der Ritter warf zwar mit aller Macht den Speer in den offenen Schlund des feuerspeienden Ungeheuers, aber der eiserne Speer zerschellte wie ein schwacher Stab. Ströme von Flammen ausgießend, ringelte sich die Schlange in die Höhe und wollte sich auf den Ritter werfen, um ihn zu zermalmen, als dieser den Fuchs enteilen ließ. Darob machte die Schlange eine Bewegung nach rückwärts. Diesen Augenblick benutzte der Ritter, tat einen raschen Sprung, deckte sich mit dem Schilde und stieß, den Namen Gottes anrufend, sein zweischneidiges breites Schlachtschwert

in das Herz der Schlange, daß dieselbe lautlos zusammenbrach. Da kam das Füchslein wieder, lobte den Ritter für seine mannhafte Tat und lud ihn ein, noch das Letzte zu tun und die Königstochter mit ihren neunundneunzig Jungfrauen zu retten, die die Schlange bewachte und die von ihr getötet werden sollten.
Der junge Held besann sich nicht lange und folgte dem Fuchs, sich an seinem Schwanze haltend, durch dunkle Gänge, bis er in einen goldenen, blitzenden Saal kam, wo die schönste Königstochter, von neunundneunzig Edeljungfrauen umringt, bebenden Herzens ihres entsetzlichen Schicksals harrte. Aber statt der vernichtenden Schlange kam ein stattlicher Jüngling in vornehmem Kleide, der den edlen Jungfrauen die Freiheit brachte.
Da bot ihm die Königstochter ihre Hand, er ward ihr Gemahl, und sie genossen der schönsten Tage, und wenn sie nicht gestorben sind, so leben sie noch.

Märchen aus Graubünden
(Aus „Märchen von Drachen“ von Sigrid Früh)

Die feuerspeiende Schlange – eine mörderische „Befreiung“

Wäre ich ein Junge bzw. ein Mann, mit welch einem inneren Wohlbehagen würde ich dieses Märchen lesen ob der unglaublichen Großartigkeit, die dem männlichen Wesen bescheinigt wird: Es bedarf nur eines Mannes, um 99 und eine Frau zu befreien. Da Märchen kollektive Grunderfahrungen bildhaft zum Ausdruck bringen, kann jeder Angehörige der männlichen Gattung sich mit Fug dieser Großartigkeit rühmen. Ist er allerdings mit auch nur etwas aufmerksamem Beobachtungsvermögen und kritischer Selbsterkenntnis begabt, so wird ihm die Diskrepanz zwischen der märchenhaften Leistung und seinem eigenen Unvermögen nicht verborgen bleiben. Es bleibt ihm dann die Wahl zwischen einer ehrlichen Korrektur des Männerbildes oder einem aufgeblähten Imponiergehabe.

Als Angehörige des weiblichen Geschlechts muß auch ich feststellen, daß sich meine persönlichen Erfahrungen nicht mit den kollektiven Grunderfahrungen, wie sie dieses Märchen schildert, decken; denn wann und wo in der mir bekannten Geschichte oder auch in meinem alltäglichen Umfeld haben jemals Männer Frauen in die Freiheit geführt? Ich kann mich nur erinnern, daß sie sie auf die Scheiterhaufen führten und ihnen ihre Freiheit raubten durch vielerlei Verbote wie zum Beispiel das Redeverbot, Bildungsverbot, Berufsverbot, Versammlungsverbot. Sie verboten Frauen, eine Partei zu wählen oder gar – im antiken Griechenland – das Haus zu verlassen. Sie verschlossen sie mit den Keuschheitsgürteln, wenn sie zu ihren Kreuzzügen aufbrachen, und legen ihnen heute noch den Schleier an. Männer zerstören in ihren kriegerischen Auseinandersetzungen mit größter Selbstverständlichkeit und heldenhaftem Mut die Häuser der Frauen und töten ihre Kinder. Auch heute noch sind Frauen durch Männer in ihrer Bewegungsfreiheit eingeschränkt: Es ist gefährlich für sie, allein in den Wald oder abends im Dunkeln auf die Straße zu gehen. In ihrer Studentinnenzeit beklagte sich meine Tochter ärgerlich darüber, daß sie nicht wie ihr Bruder per Anhalter fahren kann, sondern die teure Zugfahrt bezahlen muß. Schon da fangen die kleinen Unfreiheiten an, die Männer uns bescheren. Eine ansehnliche Auflistung, hinter der sich unendliches persönliches Leid verbirgt, das den Satz: es „kam ein stattlicher Jüngling in vornehmem Kleide, der den edlen Jungfrauen die Freiheit brachte" Lügen straft.

Was hat es also auf sich mit der Wahrheit dieses Märchens?

Ich entledige mich der gängigen Denkungsart, der eingeübten Rollenbilder, des angelernten Schulwissens, der gesamten fragwürdigen, trügerischen heutigen *Normalität*, die an diesem Märchen keinen Anstoß nimmt, begebe mich im Vertrauen auf meine Erfahrungen und Empfindungen und die Erkenntnisse der Frauenforschung auf die Suche und finde mich unversehens wieder in einer anderen Zeit und einer anderen Kultur – im Matriarchat: in einem „goldenen, blitzenden Saal..., wo die schönste Königstochter, von neunundneunzig Edeljungfrauen umringt," sich aufhält. Neunundneunzig und eine Frau – das symbolisiert ein Ganzes. Die hundert Frauen sind umgeben von blitzendem Gold wie heilige Gestalten von einem goldenen Heiligenschein. Sie befinden sich in einer Höhle, sozusagen im Schoß der Erde, die wie sie weiblich ist. Tiefenpsychologisch gesprochen, ruhen sie in sich selbst und leben aus ihrer Mitte. Nichts deutet im entferntesten darauf hin, daß hier eine Befreiung vonnöten ist.

Wir wissen von den Menschen der Frühzeit, daß es sie immer wieder in das Innere der Erde zog. Wir finden heute in einer Vielzahl ihre Höhlen, die oft nur auf gefahrvollen Wegen, „durch dunkle Gänge" zu erreichen sind und uns dann überraschen durch kunstvolle Malereien und geheimnisvolle Einritzungen. Es besteht kein Zweifel daran, daß diese Höhlen kultischen Zwecken dienten und daß das Zentrum des Kultes die Große

Mutter war. Die Menschen voll-zogen oder be-gingen im wörtlichen Sinne ihren Ritus, indem sie zum Teil mühsam und nur in gebückter Haltung, der Haltung des Alters, zur Tod-im-Leben-Göttin wallfahrteten, um nach der Begegnung mit ihr im Uterus der Erde durch die engen Gänge, gleichsam den Geburtskanal, wieder an das Tageslicht zu kommen. Ihre Vorstellung vom Tod als Voraussetzung für neues Leben, als Wandlung zur Wiedergeburt, das Prinzip von *stirb und werde* wurde so für sie im Tun erfahrbar. Die Mutter Erde und der weibliche Schoß als Garantie für neues Leben und Wiedergeburt waren ihnen heilig. Wir finden aus einem jahrtausendelangen Zeitraum Statuetten mit betontem Schoßdreieck. Schon in der Eiszeit ritzten die Menschen das Dreieck und die Vulva in die Höhlenwände.

Diesem Vertrauen in die Große Mutter, die das tote Leben in ihren Schoß aufnimmt, um es zu verwandeln und neu zu gebären, und der damit verbundenen Verehrung der Frau als ihrer Repräsentantin wurde überall auf der Erde durch die patriarchale Religion mit ihrem Glauben an den Herrn über Leben und Tod ein jähes Ende bereitet. Für den europäischen Raum schreibt Marie E. P. König in ihrem Artikel *Die Frau im Kult der Eiszeit* (*Weib und Macht*, S. 115): „Das Ende brachte das Christentum, das den *Teufel austrieb*, der hier (in den Höhlen, L. St.) wohnen sollte, und mit dem Christogramm den Sieg Christi in die Höhlenwände schlug." Damit ist das Ende des schon in der Neandertalerzeit begonnenen Höhlenkultes besiegelt.

Das christliche Symbol des Teufels ist die Schlange. Und in diesem Märchen finden wir sie tatsächlich am Höhleneingang, „Ströme von Flammen ausgießend", gleichsam das Höllenfeuer, für den christlichen Ritter ein Ungeheuer, „größer und scheußlicher als der scheußlichste Drache". Er wirft ihr „mit aller Macht den Speer in den offenen Schlund", und Dorothea assoziiert sogleich: „Er stößt sein Glied in ihre Vulva."

Der Geschlechtsakt als Gewalttat – für wie viele vergewaltigte Frauen eine grauenvolle Erfahrung, für wie viele Töchter eine ta-

Abb. 13: Frühkykladisches Idol mit
Schoßdreieck und Schamspalte

Abb. 14: Vulven, Dreieck und paralle
Linien zu dritt.
Grotte de Moigny, Ile-de-France.

buisierte ständige Bedrohung, für wie viele Ehefrauen eine nicht vor Gericht anklagbare Verletzung ihrer Würde.
Eine *Ehefrau*, von der uns Auflehnung bezeugt ist, ist Lilit, die erste Gefährtin Adams, die nach der jüdischen Legende „die liegende Position, die er von ihr verlangte", ablehnte. „Da Adam versuchte, ihren Gehorsam gewaltsam zu erzwingen, sprach Lilit wutentbrannt Gottes magischen Namen aus, erhob sich in die Lüfte und verließ ihn" (R. von Ranke-Graves, R. Patai, *Hebräische Mythologie*, S. 80). Mich interessiert, welchen magischen Gottesnamen Lilit aussprach. Sie war eine Verehrerin der Göttin Anat und in ganz frühen Zeiten selbst eine Göttin. Der Jahwe-Gott jedenfalls ließ sie sogleich verfolgen und ihr den Tod androhen. Die Legende machte aus ihr eine Dämonin, die schlafende Männer verführt und Kinder erdrosselt. Also, vor Nachahmung sei gewarnt!
Ist für Männer der Geschlechtsakt mit Gewalt verbunden? Müssen sie, bevor sie lieben können, erobern und zerstören? Bei der ersten Penetration fließt Blut.
E. Neumann schreibt dazu: „Die Hochzeit ist – so will es der Wesensgegensatz von Männlichem und Weiblichem – für den Mann primär...: ein Raub, eine Aneignung, ja eine Vergewaltigung" (*Amor und Psyche*, S. 70). Er spricht vom „Urphänomen der sexuellen mann-weiblichen Begegnung" und stellt fest, daß diese „für das Männliche Aggression, Sieg, Vergewaltigung und Lustbefriedigung ist" (S. 70). Verhängnisvoll ist es, daß E. Neumann diese Vergewaltigungsmentalität im *Wesen* des Mannes begründet sieht. Daß ihn dieser Wesenszug gar nicht zu erschrecken scheint, kann ich nur als absoluten Mangel an Einfühlungsvermögen in die weibliche Psyche verstehen. Er versteigt sich sogar soweit, der Frau zuzumuten, diese Vergewaltigung als „das Weibliche Schicksal", als „tiefstes Mysterium des Lebens" hinzunehmen (S. 70).
Eine weniger *mysteriöse* Sichtweise vertrat in den 30er Jahren Wilhelm Reich. Er wies darauf hin, „daß Vergewaltigung die vorherrschende sexuelle Phantasie von Männern in männerbe-

herrschten Gesellschaften ist. Er war sich auch darüber im klaren, daß sexuelle Unterdrückung von Frauen die stärkste politische Waffe war, die sie zu schwachen, abhängigen, besorgten, vor dem eigenen Körper sich ängstigenden Frauen gemacht hat – für die das Gebären eines Kindes zu einem gefürchteten Martyrium und die Menstruation zu einem *Fluch* wurde" (Monica Sjöö, Barbara Mor, *Wiederkehr der Göttin*, S. 18/19).
Wie nach Neumann der Geschlechtsakt von seiten des Mannes gewalttätig ist, so trägt die Gewalt umgekehrt offenkundig phallokratische Züge: Ihre brutalsten Triumphe feiern die Soldaten, wenn sie die Frauen ihrer Feinde vergewaltigen. In Kuwait waren es 5000.
„Vergewaltigt wurde in allen Zeiten und allen Kriegen. Immer wieder haben Männer sich an den schwächsten Mitgliedern der Gesellschaft ausgetobt, um den billigen Triumph des Überlegenheitsgefühls auszukosten" (*Stern* Nr. 49 vom 26. 11. 92). „Die Berichte der Frauen (aus den serbischen Vergewaltigungslagern, L. St.) lassen das Blut in den Adern gefrieren", schreibt Alexandra Stiglmayer im *Deutschen Allgemeinen Sonntagsblatt* Nr. 44 vom 30. 10. 92. „Die Vergewaltigungen und speziell das Schwängern der Frauen stellen nicht nur die totale Erniedrigung der Frau, sondern auch des gegnerischen Mannes dar … Es gibt keinen größeren Triumph für den serbischen Kämpfer, als seinem Gegner die Frau, Schwester oder Mutter schwanger zurückzugeben."
Auch Absalom triumphierte auf diese Art über David; vor den Augen des Volkes schlief er mit den Frauen seines Vaters. Und die Waffen aller Krieger haben, angefangen beim Speer bis hin zur modernsten Atomrakete, die Form eines Phallus.
„Der eiserne Speer", den der Ritter der Schlange in den Schlund wirft, „zerschellte wie ein schwacher Stab". Der Stab ist ein uraltes Synonym für das männliche Glied. In dem *Gedicht C*, einem kanaanitischen Text, beklagt die Göttin Aserat die schwindende Liebesfähigkeit des Gottes El: „Sinkt Els Stock herab, der Stab seiner Liebe wird schwach… Mein Gatte, o, mein Gatte, der

Stab deiner Liebe wird schwach!“ (Gerda Weiler, *Ich verwerfe im Lande die Kriege*, S. 42). Macht die Größe der Schlange, anders ausgedrückt: macht die Überlegenheit der Frau den Mann impotent? Diese Frage mögen Männer beantworten.

Der Ritter jedenfalls greift jetzt zur blanken Gewalt, zum „zweischneidigen breiten Schlachtschwert“ und stößt es der ihm unbewaffnet gegenüberstehenden Schlange ins Herz, „daß dieselbe lautlos zusammenbrach“.

Die Schlange ist das Urbild der Spirale, die, sich in entgegengesetzten Richtungen drehend, als Symbol für Wiedergeburt auf vielen Steinen der Grabkammern aus der Jungsteinzeit zu finden ist. Die Hoffnung auf Wiedergeburt ist mit dem Tod der Schlange ausgelöscht. Die Fähigkeit zur Regeneration, die sie durch ihre Häutungen symbolisiert, ist vernichtet. Die Schlange gehörte zum Kult der Göttin. Viele Göttinnen wurden in Schlangengestalt, mit dem Schlangenmuster oder mit Schlangen in den Händen dargestellt (siehe Abb. 4–9). „Den Namen Gottes (des Herrn selbstredend!) anrufend“, bereitet der Ritter dem allen ein Ende und der Göttin den Garaus und avanciert dadurch vom Ritter zum jungen Helden.

Es wird Zeit, daß wir ihn näher betrachten. „Ein Ritter ritt einst auf die Jagd“. Mit diesem Satz wird er uns vorgestellt und flößt mir gleich zweifache Angst ein. Mit *Ritter* assoziiere ich *Rüstung*. In Museen sind sie, in Reih und Glied aufgestellt, zu besichtigen, diese eisernen Bekleidungsstücke, die den Mann unverletzlich, aber auch unberührbar machen. Was einen Ritter zum Ritter macht, ist seine ständige Kampfbereitschaft, sichtbar im stets griffbereiten Schlachtschwert. Paradoxerweise wird ihm noch Ritterlichkeit bescheinigt, womit eine gewisse beschützende Herablassung Armen und Schwachen, besonders den Frauen gegenüber gemeint ist: Der eiserne Panzer zeigt Herz.

Der zweite Schauder überläuft mich bei dem Wort *Jagd*. Ein Mensch, der auf die Jagd reitet, trägt ebenfalls eine Waffe und ist ebenfalls zum Töten bereit. Das Opfer des Jägers ist das Tier, das er angeblich zum Zwecke der Ernährung tötet. Aber die

Abb. 15: Newgrange, steinzeitliches Ganggrab in der Grafschaft Meath, Irland; der Eingang mit Doppelspiralen.

Abb. 16: Newgrange, Nordwestseite des Hügels, Randstein mit Doppelspiralen.

Menschen sind von ihrem Organismus her nicht auf den Verzehr von Fleisch eingerichtet. Ihr Darm ist beträchtlich kürzer als der von Fleischfressern. Über einen langen Zeitraum haben sie sich ausschließlich vegetarisch ernährt, wie archäologische Funde beweisen, sogar auf das Gebot ihres Gottes hin: „Siehe, ich gebe euch alles Kraut, das Samen trägt, auf der ganzen Erde, und alle Bäume, an denen samenhaltige Früchte sind; das soll eure Speise sein" (Gen. 1, 29). Frauen waren die Ernährerinnen. Später wird dann Fleisch in den Speiseplan aufgenommen. Gott gebietet dem Noah: „Furcht und Schrecken vor euch komme über alle Tiere der Erde, über alle Vögel des Himmels, über alles, was auf Erden kriecht, und über alle Fische im Meer: in eure Hand sind sie gegeben. Alles, was sich regt und lebt, das sei eure Speise; wie das Kraut, das grüne, gebe ich euch alles" (Gen. 9, 2–3). Die Fleischversorgung übernahmen die Männer; sie setzt die Bereitschaft zum Töten voraus, das sie in den Hühner-, Puten-, Schweine- und Rindermastanstalten bis zur Perfektion entwickelt haben. Aber ein Mann, der auf die Jagd reitet, tötet noch höchst individuell, und mit jedem getöteten Tier verletzt er die Göttin, die Herrin der Tiere.

Wir haben es im Märchenhelden also mit einer männlichen Bedrohung in zweifacher Ausfertigung – als Jäger, als Ritter – zu tun. Zusätzlich zu seinen zwei Waffensystemen – Speer und Schlachtschwert – kommen ihm noch weitere Hilfen. Da ist einmal der alte Mann, der ihm *von ungefähr* entgegentritt. Ich glaube nicht an eine Zufallsbegegnung, und ich nehme ihm auch nicht ab, daß er einer milden Gabe bedarf. Vielleicht war die Bitte nur ein Test, wie ritterlich dieser Ritter ist, oder, da Geld Energie symbolisiert, wie energiegeladen. Denn der eigentliche Geber ist der Greis, und zwar auf dreierlei Art. Er gibt erstens Hinweise und Instruktionen: Er sagt, daß den Ritter Abenteuer erwarten und wie er sie zu bestehen hat; er hat zweitens im Fuchs eine konkrete Hilfe anzubieten, und drittens überhäuft er seinen jungen Freund mit Segenswünschen. Er bietet alles das, was junge Männer von einer Männergesellschaft zu erwarten haben:

– Sie bekommen in den Bildungsinstituten solides, niet- und nagelfestes, von Frauenweisheit unberührtes Wissen mit auf den Weg.
– Sie erben die Handwerksbetriebe, die Firmen, die Chefpositionen, das gesellschaftliche Ansehen. Die alten Herren halten die Steigbügel; ich denke dabei an Einrichtungen wie die Studentenverbindungen, die Clubs, an Rotary und Lions oder auch an einen ganz gewöhnlichen Stammtisch. Trotz Konkurrenzkampf – die Männersolidarität ist groß.
– Und nicht zu unterschätzen ist das väterliche Wohlgefallen, das auf den Söhnen ruht. Abraham segnet Isaak, Isaak den Jakob…

Kurzum, der *alte Mann* ist der Repräsentant der Tradition der Väter.

Und welche Rolle spielt der Fuchs? Eine recht zwielichtige, aber entscheidende, wie es Füchse so an sich haben: Er verhilft dem Helden zu den neunundneunzig Frauen und ihrer Königin. Wie er das macht, macht mich stutzig, kommt mir bekannt vor. Sein Verhalten erinnert mich an das der Patriarchatsfrauen: Auf den Pfiff des Alten kommt er herbeigesprungen – Ausführungen hierzu erspare ich mir; er „schmiegt sich schmeichelnd an den Ritter" – auch das werde ich nicht kommentieren, und, entscheidend, er irritiert offensichtlich die Schlange. Diese hatte in dem Ritter ihren einzigen Gegner gesehen und war ihm durchaus gewachsen, ja, überlegen. Da kommt von unerwarteter Seite ein Angriff. Mich erinnert das an Situationen, in denen in einer Auseinandersetzung mit Männern über die inferiore Stellung der Frau in unserer Gesellschaft mir Frauen in den Rücken fallen, voll die Partei der Männer ergreifen und diesen versichern, daß sie mit ihrer Frauenrolle keine Probleme haben. Das verschlägt mir im Moment die Sprache, macht mich wehrlos und verletzt mich tief. Die Schläge, die wirklich treffen und mich müde und mutlos machen, versetzen mir Frauen.

„Das Füchslein … lobte den Ritter für seine mannhafte Tat", läßt ihn durch seine Bewunderung zum Helden anschwellen und holt dann zum vernichtenden Schlag aus gegen die neunundneunzig

Jungfrauen und ihre Königin. Zielsicher bewegt es sich durch die dunklen Gänge. Es scheint sich dort auszukennen, gar dort zu Hause zu sein? Ohne das Füchslein hätte der Ritter auf dem ihm so fremden Terrain nie und nimmer zu den Frauen gefunden. Und dann kommt das schon anfangs von mir als verlogen entlarvte patriarchale Märchen-Happy-End: Der „stattliche Jüngling" bringt „den edlen Jungfrauen", die „bebenden Herzens... harren", die Freiheit. Zur Jagd war er ausgezogen, und seine Beute ist wahrhaft beachtlich: neunundneunzig Jungfrauen und eine Königin! Ein matriarchaler Rest hat sich in dem Text erhalten: „Da bot ihm die Königstochter ihre Hand, er ward ihr Gemahl". Sie erwählt den Mann, statt, wie sonst üblich, vom Vater wie ein Paket weitergereicht zu werden.

Daß eine Frau *harrt*, habe ich schon an anderer Stelle gelesen. Eugen Drewermann schreibt in seinem Buch *Tiefenpsychologie und Exegese I*: „Umgekehrt erinnert der Löwe, den der Sonnenheld Samson vor seiner Hochzeit in Timna töten muß (Ri. 14, 1–7), an die zahlreichen Ungeheuer, die der Held der Märchen und Mythen zu überwinden hat, ehe er – zumeist in der Unterwelt oder an einem sonstwie schwer zugänglichen Ort – seine geliebte, der Erlösung *harrende* Braut (als unbewußte Verkörperungsgestalt der anima) befreit und zur Heiligen Hochzeit, dem Urbild der Gegensatzvereinigung, heimführt" (S. 177).

Auch der Löwe gehört wie die Schlange zum Kult der Göttin. Was, um des Himmels willen, töten nur diese Helden so unverdrossen, damit sie ihre harrenden Bräute heimführen können?! Heim – wohin? Mitten hinein ins Patriarchat, ins traute Heim! Was sie so eifrig mit den Tieren töten, das ist die Stärke der Frau, ihre Autonomie, ihre Würde – ihre Göttinebenbildlichkeit. Was übrigbleibt, ist ein Seelchen: die anima. Die Bräute sind nichts weiter als die „unbewußte Verkörperungsgestalt der anima" oder, anders formuliert: Sie sind das Gestalt gewordene Unbewußte des Mannes oder, wie der Volksmund sagt, *seine bessere Hälfte*, *seine rechte Hand* oder *der Hals, der seinen Kopf dreht*. Sie existieren nur im Bezug zum Mann. Einen unabhängigen Eigen-

Abb. 17: Der Held tötet den Drachen, während im Hintergrund die Jungfrau *harrt*.

wert besitzen sie nicht. Dieser ist der *Erlösung* oder *Befreiung* zum Opfer gefallen.

Angeblich wünschen sich die Frauen nichts sehnlicher als das, wie wir bei Erich Neumann in seinem Buch *Zur Psychologie des Weiblichen* lesen können. „Die Notwendigkeit und Bereitschaft des Weiblichen, sich vom Helden aus den vorpatriarchalen Phasen erlösen zu lassen, hängt damit zusammen, daß das Männliche vom Weiblichen archetypisch als sonnenhaft und transpersonal-geistig erfahren wird. Das Männliche wird mit der Aktivität, dem Willen, dem Bewußtsein und der Entwicklung zum männlichen Geist identifiziert" (S. 43). Und da das Weibliche von den Tiefenpsychologen als komplementär zum Männlichen gedacht wird, ist es folglich passiv, willenlos, unbewußt und geistlos. Was E. Neumann als archetypische Erfahrung schildert, ist nichts weiter als eine jahrtausendelange Indoktrination, die sich hoffentlich bisher noch nicht archetypisch verewigt hat. Und was er eine vorpatriarchale Phase nennt, ist genaugenommen das Matriarchat, über das uns immer erstaunlichere Berichte erreichen.

Jean McMann schreibt in seinem Buch *Rätsel der Steinzeit*: „Damit stellen die Megalithbauten ihren Schöpfern (die Schöpferinnen werden wie üblich unterschlagen, L. St.) das Zeugnis besonderer, kreativer Intelligenz und technischer Fertigkeit aus. Nicht nur, daß die angewendeten Bauweisen allem Anschein nach an verschiedenen Punkten unabhängig voneinander entwickelt wurden, sondern Steinreihen wie die von Stonehenge stellen auch ein enormes Wissen auf den Gebieten der Geometrie und der Astronomie unter Beweis. Wir müssen mithin feststellen, daß Gesellschaften höchst archaischen Gepräges über ganz unerwartete Fähigkeiten und Kenntnisse verfügten" (S. 12). Sie hatten „Todes- und Jenseitsvorstellungen" (S. 12). Die in Stein geritzten Symbole „bezeugen eine verblüffende und gleichzeitig bedeutende Entwicklung prähistorischer Kunst" (S. 14/15). Die gefundenen Schmuckstücke verraten „ein kulturelles Niveau, das durchaus dem hohen Stand der Baukunst entspricht" (S. 27). Alles in allem eine Epoche, in der die Menschen keineswegs im

Unbewußten dahindämmerten und der Erweckung zum männlichen Geist *harrten*.
Was die Tiefenpsychologen, hier E. Neumann und E. Drewermann, offensichtlich nicht wahrnehmen wollen oder können, ist die Tatsache, daß die vielgepriesene Erlösung bzw. Befreiung der Anfang vom Ende war, da der männlich-patriarchale Geist destruktiv und nekrophil ist und uns in der Zeit seines Wirkens in rasantem Tempo auf den Erduntergang hinsteuert, und daß das Matriarchat, die Zeit der Großen Mutter und der Frauen, alles andere als passiv und unbewußt war.
Gerda Weiler beschreibt in ihrem Buch *Ich verwerfe im Lande die Kriege* das matriarchale Bewußtsein folgendermaßen: „Der matriarchale Mensch war eingebunden in die Natur – nicht, weil er *unbewußt* lebte, dumpf dahinbrütend den unüberschaubaren Gewalten preisgegeben, sondern weil er sich *bewußt* der Weisheit der matriarchalen Schöpfungskraft überließ (S. 28/29). Der matriarchale Mensch erforschte das Wesen der Dinge, nicht, um die Natur zu beherrschen, sondern um sich ihr anzupassen; nicht, um sie auszubeuten" (S. 30).
Dieses Märchen läßt mich tief erschrecken. Da leben neunundneunzig Frauen und ihre Königin in Ganzheit und Fülle in einer nur auf verschlungenen Wegen für Kundige zu erreichenden Höhle. Die feuerspeiende Schlange wacht am Höhleneingang. Und doch kann ein einziger Ritter mit dem Füchslein an seiner Seite und dem alten Mann im Hintergrund, ausgerüstet mit Speer und Schlachtschwert, sie sich zur Beute, sprich Braut, machen. Er nennt's *Befreiung*.

Das Ungeheuer Tarasque

Vor langer, langer Zeit, als die Rhone noch ungestüm dahinfloß und gewaltige Wälder ihre Ufer säumten, geschah es, daß eines Tages ein riesiges Ungeheuer dem Meere entstieg und die Rhone zu seinem neuen Reich machte. Es war eine Drächin, halb Landtier, halb Fisch, größer und stärker als zwölf Elefanten, mit Zähnen wie Schwerter und mit einer Haut wie von Eisen. Sie war die Brut des Leviathan, des grausamen Meeresdrachen, und der schrecklichen Riesenschlange Onachus und sie hieß Tarasque.
Wohin das Untier kam, verbreitete sich Angst und Schrecken. Es flohen vor ihm die Fische und die Vögel und alle Tiere und Menschen. Wenn das Ungeheuer Wasser trank und wieder ausspie, so zerbarsten die Schiffe, und es ertranken die Fährleute. Mit einem einzigen Hieb ihrer riesigen Pranken konnte die Tarasque Häuser zusammenstürzen lassen und mit ihrem Atem alles ringsum in ein Flammenmeer verwandeln.
Kühn und tapfer waren die Söhne der Provence, und so mancher wagte den Kampf gegen das Ungeheuer. Doch keinem gelang es, die Tarasque zu besiegen, und sie verloren alle ihr junges Leben. Sieben Jahre schon wütete das Untier, verheerte das Land und brachte Not, Tod und Unglück über die Menschen. Da sah eines Tages ein Schäfer die Drachenhaut im Sonnenlicht glänzen und er glaubte nicht anders, als daß die Tarasque tot sei. Es war aber nur ihre abgestreifte Haut, die am Boden lag, denn die Drächin mußte sich alle sieben Jahre gleich einer Schlange häuten.
Weitere sieben Jahre zogen ins Land, und die Menschen litten mehr denn je unter der Grausamkeit der Tarasque, denn sie riß alle Brücken ein und tötete jeden, der von einem Ufer der Rhone zum andern wollte. So mußten die Menschen vonein-

ander getrennt leben, und es war des Jammerns und des Klagens kein Ende.
Endlich beschlossen sie, das Ungeheuer mit Hilfe einer List zu besiegen: Unweit der Stadt Avignon nämlich war ein tiefer, tiefer Sumpf, und wer da hineingeriet, der war für immer verloren. Dorthin wollten sie die Drächin locken. Also banden sie auf dem Wege zu jenem Sumpf Pferde, Schafe, Ochsen und Ziegen an Bäumen fest. In der Tat folgte das Ungeheuer dieser Fährte mit den leichten Beutetieren. Aber als die Tarasque den Sumpf erreichte, geschah etwas Seltsames: Die Tarasque achtete nicht auf ihr letztes dargebotenes Opfer, einen jungen Stier, sondern brüllte dreimal donnernd, daß die Erde erzitterte, drehte sich um und ging geradewegs zur Rhone zurück. Den enttäuschten und verwunderten Menschen blieb nur noch die Flucht übrig. Der tiefe Sumpf nämlich war ein Ort des Teufels, und auch die Tarasque war ein Satansgeschöpf, und so konnte er ihr nichts anhaben. Noch weitere peinvolle sieben Jahre folgten diesem Ereignis.
Da gelangte eines Tages die Heilige Martha in jene Gegend, in der das Ungeheuer hauste. Sie kam vor die Tore von Jarnegues, und weil die Bewohner jener herrlichen Stadt schon viel von ihren Wundertaten gehört hatten, fielen sie vor ihr auf die Knie und baten, sie von dem Ungeheuer zu befreien.
Da machte sich Martha auf und ging in die Wälder am Ufer der Rhone. Sie ging ganz allein, barfuß und weißgewandet und sie hatte keine Waffe zu ihrem Schutze bei sich als ein Krüglein mit Weihwasser.
Endlich fand sie das Ungeheuer. Als dieses die Jungfrau gewahrte, brüllte es vor Freude über das neue Opfer und bewegte sich auf Martha zu. Sie aber erhob ihre Hände und formte das Zeichen des Kreuzes. Da brach die Gewalt der Tarasque, so wie die wilde Brandung sich an felsigen Gestaden bricht. Noch einmal erhob Martha ihre Hände und besprengte das Haupt der Drächin mit Weihwasser. Da wurde diese sanft wie ein Lamm. Martha band ihr ihren blauen Gürtel um den Hals und führte sie mit sich, gleich wie man ein Pferd am Halfter führt.

So ging die schöne Jungfrau mit dem Untier auf die Stadt Jarnegues zu. Die Tore waren weit geöffnet, und groß war der Jubel des Volkes. Groß war aber auch der Zorn der Menschen über die Tarasque, die so viel Unglück und Leid über sie gebracht hatte. So töteten sie die Drächin mit Lanzen und Steinen. Wenngleich Martha darüber bittere Tränen vergoß, so verzieh sie doch den Bewohnern von Jarnegues, die ihr zu Ehren eine Kirche errichteten und ihre Stadt von nun an Tarascon nannten.

Märchen aus Südfrankreich, übersetzt von Marlies Hörger, erzählt von der 90jährigen, inzwischen verstorbenen Provenzalin Madeleine Pinzelet.
(Aus „Märchen von Drachen“ von Sigrid Früh)

Das Ungeheuer Tarasque – die Drächin

– ein von der Kirche vereinnahmtes Märchen. Dem Eroberungsdrang dieser Institution fielen nicht nur ganze Kontinente zum Opfer; sie besetzte auch uraltes Gedanken-, Erfahrungs- und Erzählgut und beutete es aus für ihre Zwecke: Es ist die heilige Martha, die hier mit Weihwasser und Kreuz operiert, dem christlichen, wohlverstanden, an das der Gottessohn genagelt wurde. Vorbildhaft für alle kirchlichen Frauen weint sie zwar, wenn Männer ihr Leid zufügen, aber nur sozusagen in einem Nebensatz; sogleich verzeiht sie den Übeltätern, ohne sie vorher zur Rede zu stellen, um sie eventuell zur Einsicht zu bringen, daß es noch andere Arten der Auseinandersetzung gibt als Töten. Martha zeigt Verständnis – ach, soviel Verständnis zeigen Kirchenfrauen für den Drang der Kirchenmänner, auszumerzen und ein für allemal zum Schweigen zu bringen und sich selbst dabei nie in Frage zu stellen.
Diese Märchenfrau in dieser Fassung verdient in der Tat den Namen einer kirchlichen Heiligen – aber warum ausgerechnet den der streitbaren Bibelfrau, die Jesus mit Vorwürfen empfängt, weil er nicht früher gekommen ist, um ihren Bruder Lazarus zu heilen? Und sie verdient eine Kirche, aber beileibe nicht, um darin zu predigen oder die Sakramente zu spenden, womöglich gar als Bischöfin, obwohl Martha solches in Südfrankreich nachgesagt wird. Dieses christianisierte Märchen setzt die Grenzen für die Frau: Ehren ja – Ämter nein. Wunder seien ihr gestattet. Solange sie ihre Heilkräfte sozusagen als kirchliche Beauftragte im Dienste und zum Ruhme des göttlichen Mannes einsetzt, ist kirchlicherseits dagegen nichts einzuwenden. So weit, so gut.

Bedenklich wird es für die gängige christliche Theologie, daß es eine Frau ist, die den Drachen bändigt, ist die Heilslehre doch darauf aufgebaut, daß solches ein Mann tut, Jesus, der im Auftrag seines Vaters die Schlange besiegt und mit ihr das, was sie verkörpert: das absolut Böse, den Satan und Teufel. Wie Maler es anschaulich darstellen, stößt er siegreich sein Kreuz, zur Lanze umfunktioniert, dem Untier in den Rachen; und die Kirche singt dazu: „Die alte Schlange, Sünd und Tod, die Höll, all Jammer, Angst und Not hat überwunden Jesus Christ..." (*Gotteslob*, Nr. 225), „Er hat zerstört der Höllen Pfort ..." (Nr. 223), „O starker Held ... vor dir die Hölle niederfällt, da du ihr Tor zerbrochen..." (Nr. 226). Nach dem Kirchenlehrer Tertullian ist Eva das Tor zur Hölle. Es ist nicht von ungefähr, daß mir in den christlichen Kirchen die Luft zum Atmen ausbleibt.

Dieser von der Kirche als Drachenbezwinger besungene Jesus besiegt das Böse, indem er es tötet. Und nach ihm töten alle christlichen Krieger zu allen Zeiten auch nur das Böse, wenn sie in den Krieg ziehen. Ausgerechnet befindet es sich immer auf der anderen Seite. Das Töten ist noch nach heutigem Kirchenverständnis legitim, solange der Feind das Böse, der alte Drache ist. Der Drachentöter par excellence, der heilige Georg selbst, ermunterte die Kreuzfahrer zum Kampf, und mit dem Schlachtruf *Sanct Jorge* zog Karl V. gegen die protestantischen Fürsten zu Felde. Das Bild des Drachen besiegenden Heiligen schmückte oft die Fahnen auf beiden Seiten der Front (Uwe Steffen, *Drachenkampf,* S. 226/227). Alle diese großen und kleinen Helden handeln, wie gesagt, im Einklang mit der Lehre der Kirche, die keine Versöhnung mit dem Widersacher kennt.

Die Lehre des Origines, die die *Erlösung* des Antichristen beinhaltet, wurde 553 auf dem Konzil von Konstantinopel als Irrlehre verworfen. Das Böse, der Leviathan, die alte Schlange gehört nach bewährter kirchlicher Tradition nicht erlöst, sondern vernichtet. In welcher Gestalt es sich jeweils manifestiert, das bestimmen von Fall zu Fall die Kirchenmänner.

So bewegt sich die heilige Martha hart an der Grenze zur Häresie, wenn sie den Drachen nicht, wie ihre männlichen Vorbilder, vernichtet, sondern wie ein Lamm mit sich führt. Ihren Fauxpas korrigiert sogleich das Kirchenvolk mit Lanzen und Steinen, das weiß, wie mit solchen Untieren, auch wenn sie als Lämmer daherkommen sollten, zu verfahren ist. Der Einzug der heiligen Martha durch die geöffneten Tore in die ihr entgegenjubelnde Stadt erinnert an den Einzug Jesu in Jerusalem. Doch nach dem *Hosianna* folgt für ihn das *Kreuzige ihn.* Er selbst ist das Lamm, das dem Zorn des Volkes zum Opfer fällt, und erst nach seinem Tod wird er als Drachentöter gefeiert. Martha entgeht erstaunlicherweise jeglicher Anfeindung. Sie wird nicht wie Eva mit der Schlange identifiziert und zugleich mit ihr bekämpft, obwohl sie durch ihren Gürtel ihre Verbundenheit mit dem Drachen offenkundig macht. Welch ein hohes Ansehen der Frau muß hinter dieser Martha stehen, daß sie für den mordlustigen Pöbel unantastbar ist! Oder aber: die Frau, die übrigbleibt, nachdem der Drache getötet ist, bedeutet für keinen Mann mehr eine Gefahr. Sie kann getrost als Heilige verehrt oder als Jungfrau geheiratet werden. Die unerschrockene, nur sich selbst vertrauende Kämpferin wurde zur Kirchenfrau gezähmt mit keinen anderen Aktivitäten als Weinen und Verzeihen.
Wo bleiben Frauen in der Kirche mit ihrer Wut und ihrer Stärke, mit der Drächin an ihrer Seite? Sie stauen sie auf, bis sich ihnen im Kirchenkampf eines Mannes ein Ventil bietet. Wenn die Amtskirche einem Mann seine Männerrechte beschneidet, werden Frauen laut, erheben ihre Stimme, gehen mit Einfallsreichtum auf die Straße und demonstrieren. Deprimierend ist es mitzuerleben, wie in der Hauptsache Frauen Transparente hochhalten und protestieren, weil ein Herr Drewermann nicht mehr predigen darf und ihm droht, keine Sakramente mehr spenden zu dürfen. Nehmen sie gar nicht wahr, daß sie hier für einen Mann Privilegien verteidigen, die ihnen selbst wegen ihrer biologischen Beschaffenheit verweigert werden? Auch ein an der Amtskirche leidender Priester bleibt ein Amtsträger, der durch die

Wahl seines Berufes *Ja* gesagt hat zur Frauenfeindlichkeit seines Arbeitgebers. Frauen solidarisieren sich mit ihm, ohne von ihm Solidarität zu erwarten, die zum Beispiel so aussehen könnte, daß er so lange auf seine Privilegien verzichtet, bis auch Frauen diese besitzen. Aber eher wird ein Kamel durchs Nadelöhr gehen, als daß ein Amtsträger aus Solidarität mit den Frauen auf sein Amt verzichtet.

Was Frauen anbelangt, ist das Unrechtsbewußtsein vor allem bei den Männern der Kirche unterentwickelt. Ihr fehlendes Engagement für Gerechtigkeit macht deutlich: Die unbedeutende und anspruchslose, die schweigende Frau ist für sie normal und gottgewollt – und, wie die Tiefenpsychologen das kirchliche Frauenbild untermauern, von ihrer psychischen Struktur her so konzipiert. Passiv veranlagt, bleibt ihr nichts, als auf ihre Erlösung zu *harren*.

Erlösung von was und durch wen? Auch da herrscht Einigkeit zwischen den Männern der Theologie und Tiefenpsychologie und besteht der Unterschied nur im Vokabular: von der „gefährlichen Kraft des Affenmenschen", „Halbmenschen", dem „Teufel" (S. 71), aus der Umklammerung der mythischen Welt, des „verschlingenden Unterweltdrachens und der furchtbaren Mutter" (S. 62). Mit diesen Bildern umschreibt der Tiefenpsychologe Erich Neumann in seinem Buch *Kulturentwicklung und Religion* das für ihn zu überwindende matriarchale Bewußtsein. Befreiung bringt nach seiner Theorie der Held: „Aber gerade die Überwindung auch dieser verzweifelten Not- und Angstsituation ist die Aufgabe des Helden-Ich, das seine Gottsohnschaft zu erweisen hat" (S. 65). Es ist „der göttlich-menschliche Held, der den Drachen besiegt" (S. 71). Der Held ist der „Prototyp" des Menschen, wörtlich: „ … im Menschen und seinem Prototyp, dem Helden" (S. 70). Wie, bitte, läßt sich dies frauenfreundlich interpretieren? Die Frau, lerne ich, verkörpert das Tierische und Teuflische, der Mann das Menschliche und Göttliche. Das *Ich* steht für das patriarchale Bewußtsein. E. Neumann stellt fest, „daß erst der Sieg des Helden-Ich, d. h. seine Fähigkeit, als Ich mit dem mythischen Nicht-Ich des Drachens fertig zu werden, der Prüfstein seines Heldentums ist und ihn als Sohn des göttlichen Vaters … erweist" (S. 63). Die Individuation des Helden gipfelt in der Erkenntnis, „ich und der Vater sind eins" (S. 120). Die Analogien zwischen Tiefenpsychologie und Theologie sind unverkennbar. Die kirchlichen Aussagen zu diesem Thema sind bekannt: Eva, die Frau, ist die alte Schlange, die Verführerin. Sie brachte die Sünde in die Welt – so erdichten die Kirchenväter den teuflischen Aspekt. Die Frau hat keine Seele – damit rückt Thomas von Aquin sie in die Nähe des Tieres. Sie ist ein *Nicht-Ich*, nur der Abglanz des Mannes – das ist die Glanzidee von Paulus; das atmet die Frau direkt mit der Kirchenluft ein. Die Verdammung zur Passivität, zum *Harren,* erlebt sie darin, daß sie alles fix und fertig verkündet bzw. gespendet bekommt: die Glaubenssätze, die Gnadenmittel und das Heil. Zum Schluß ist die Übereinstimmung zwischen den beiden Fachbereichen sogar wörtlich. „Ich und der Vater sind eins", ruft der Mann auf dem Höhepunkt seiner Entwicklung. Da ist kein Platz mehr für die Frau. Auf dem Gipfel ist der Mann allein mit seinem Gott.

Lese ich psychologische und theologische Texte, bin ich ständig versucht, mich in den Arm zu kneifen, um zu prüfen, ob es mich auch wirklich gibt. So unisono verkünden sie mir mein Nicht-Vorhandensein, es sei denn, ich bin bereit, mich mit der *Furchtbaren Mutter* zu identifizieren, mit dem Bösen in der Gestalt des Drachen oder mit der auf Erlösung harrenden Jungfrau.

Auch die Schaffung der Kultur, lese ich, läuft ohne mich ab. Wie Jesus die Gründung seiner Kirche zwölf Aposteln und ihren Fortbestand ebenfalls nur Männern anvertraute, so ist auch die Kultur das Werk von den *Großen Einzelnen*, ist Männerwerk. In seiner Beschreibung der Kulturentwicklung ist bei E. Neumann von der Frau schon gar nicht die Rede, sondern nur vom Weiblichen, das teils im Manne selbst, teils außerhalb wirkt, zwar auch das Schöpferische ist, aber doch immer das Gefährliche, vor dem zu warnen ist, das zu verschlingen sucht, nach unten ins Chaos und Dunkel zieht, in die Welt des Mythos, des Drachens, der

Furchtbaren Mutter, wenn der Mann es nicht in den Griff bekommt – wie Eva zwar auch die *Mutter aller Lebendigen* (Gen. 3, 21) ist, aber doch den Menschen das Paradies verscherzt hat. Auch diese Paradoxie ist Tiefenpsychologen und Theologen gemeinsam.

Den Drachenkampf als Voraussetzung für die Entwicklung der Kultur beschreibt E. Neumann in seinem obigen Buch folgendermaßen: „Die verzweifelte und leicht in die Verzweiflung führende Dunkelheit der mythischen Welt ist der Hintergrund, vor dem die ebenso verzweifelte Anstrengung des primitiven Ich steht, sich aus der Umklammerung dieser Hintergründe zu lösen und zum Licht zu kommen … (deswegen) wird das Ich des Menschen, das den Versuch macht, das kleine Schiff des Bewußtseins durch diese Brandung zu steuern, von jeher als kostbares Gut betrachtet" (S. 57). „Diese Gefährdung des Ich ist die typische Situation des Drachenkampfes. Der Drachenkampf ist aber nicht nur das Recht des *Großen Einzelnen,* der ihn vorbildlich führt und der Menschheit neue Kulturgüter vermittelt, sondern er ist auch die Aufgabe der ihm nachfolgenden Individuen" (S. 63). „Gerade die gefährliche Stärke des Bewußtseins beim modernen Menschen wird im Individuationsprozeß, in dem sie sich mit den Tiefenschichten des Unbewußten auseinanderzusetzen hat, zu einer neuen Kraft und kommt hier zu einer neuen Legitimität" (S. 47).

Nach E. Neumann ist das *Ich* der Mensch, der Große Einzelne, das Individuum, der Held, der Drachenbezwinger, kurz: der Mann. Mit *Bewußtsein* meint er auch ohne das erklärende Adjektiv das patriarchale, vom Unbewußten, seinem Ursprung, gelöste Bewußtsein, das die aufgehende Sonne in der Menschheitsgeschichte ist, gleich Jesus – wieder eine Analogie – das Licht für die Welt. Meint er das matriarchale Bewußtsein, wird es eigens von ihm als solches bezeichnet, hat eine ganz andere Beschaffenheit und ist für E. Neumann zu überwinden und zu erlösen, ist gleichsam der Drache und die Jungfrau.

Nun kommen wir zu dem, was wir unter *Kultur* zu verstehen haben: „Die Menschwerdung des einzelnen (sprich des Mannes) und der Gemeinschaft von einzelnen (von Männern, L. St.) in ihrer Auseinandersetzung mit der mythischen Welt ist das, was wir Kultur nennen. In diesem Sinne beruht der Aufbau der menschlichen Kultur ebenso wie die Entwicklung des Bewußtseins auf Entmythisierungsprozessen. Unsere bewußte Welt und alle Kultur-Bezirke, die mit ihr in Zusammenhang stehen, sind in Prozessen entstanden, in denen die mythische Bildwelt am Anfang, die objektivierte und abstrahierte Begriffswelt am Ende steht ... Der Weg von der mythischen zur bewußten Wirklichkeit wird in der Religion ebenso wie in der Ethik, in der Wissenschaft ebenso wie im sozialen Leben der Menschheit gegangen ... Der Held (ist) der vorbildliche Träger der Auseinandersetzung des einzelnen mit der mythischen Welt" (S. 68) im Drachenkampf.
Die Zerstörung der matriarchalen Kultur, von E. Neumann *mythische Wirklichkeit* genannt, mit ihren Erfindungen der Sprache, des Ackerbaus, des Hausbaus, der Webkunst und Töpferei, des Naturheilwesens, mit ihrem Denken und Handeln aus eigener Betroffenheit und in Beziehung zur Natur und zum Menschen, eben nicht objektiviert und abstrahiert, die Zerstörung dieser ganzheitlichen von den Frauen getragenen Kultur durch die Träger des patriarchalen Bewußtseins findet hiermit durch die Tiefenpsychologie ihre Legitimation. E. Neumann nennt diese Zerstörung *Entwicklung*, und für ihn ist sie notwendig und gut. Voraussetzung für diese Entwicklung ist, wie gesagt, der Drachenkampf.
Ich spüre die für mich tödliche Bedrohung, die in diesem Denkgebäude steckt und die in einer Wellenbewegung für Frauen immer wieder grausame Geschichte wurde und wird; denn der Drachenkampf tobte und tobt sowohl in der Psyche wie in der Außenwelt, und der Held ist nicht nur das Ich mit dem patriarchalen Bewußtsein, sondern auch der Soldat, der Politiker, der Kirchenmann, der Wissenschaftler, der Ehemann; und seine Lanze ist die ganze Palette frauenfeindlicher Aktivitäten von den He-

xenverbrennungen bis hin zum Sexismus in der Sprache; und der zu vernichtende Drache ist die Frau, bin ich.
Inzwischen ist für nachdenkliche Menschen, Männer und Frauen, die abendländische Kulturentwicklung längst fragwürdig geworden, die sich nicht nur gegen Frauen richtet, sondern gegen alle, die sich nicht rühmen können, im Besitze des patriarchalen Bewußtseins zu sein und gar noch mit der mythischen Welt in Verbindung stehen, demnach zu den, wie E. Neumann sie nennt, *Primitiven* (S. 63) gehören. Wie die Kulturbringer mit solchen verfahren und auf welche Art sie ihre Zahl dezimieren, das zeigte uns das Fernsehen aus Anlaß der 500-Jahr-Feiern aufgrund der Entdeckung Amerikas durch Columbus. Natürlich können wir die damaligen Vorfälle als Auswüchse bezeichnen, aber dann ist die Geschichte der Männer mit dem hochentwickelten Ich-Bewußtsein *nur* eine Geschichte von Auswüchsen. Das Ende unserer Kultur ist abzusehen; und es ist wohl nicht von ungefähr, wenn sich durch den Abbau der Ozonschicht ausgerechnet das Symbol des patriarchalen Bewußtseins, die Sonne, zu einer immer drohenderen Gefahr entwickelt und die patriarchale Welt, wie es scheint, an ihrem eigenen Symbol zugrundegehen wird. Trotzdem wird das obige Denkgebäude nicht in Frage gestellt und hört die Kultur nicht auf, sich nach diesem Schema weiter und weiter zu entwickeln.
Das Märchen von Martha und der Tarasque zeigt mir, wie anders die Entwicklung hätte laufen können, es dann aber doch nicht tat. Betrachte ich die Drächin – in diesem Märchen wird sie ausdrücklich als weiblich bezeichnet – aus dem männlichen Blickwinkel, mit den Augen der „kühnen und tapferen Söhne der Provence", so ist sie ein „Untier", ein „Ungeheuer", ein „Satansgeschöpf", ist die „Brut" von „grausamen" und „schrecklichen" Eltern. Ihre Stärke wird mit militärischen Begriffen ausgedrückt: Zähne wie Schwerter, eine Haut wie Eisen.
Die Drächin kommt aus dem Meer, dem Element des Weiblichen, aus dem alles Leben kommt, wie jedes menschliche Lebewesen aus dem weiblichen Fruchtwasser. Sie nimmt Besitz von

ihrem Reich, der Rhône. Bis auf den Vater Rhein sind nahezu alle Flüsse weiblich und weiblichen Gottheiten geweiht. Sie hat einen Namen, ist also nicht unbekannt, nicht mysteriös und diffus, sondern zu benennen und ansprechbar; sogar ihre Eltern sind namentlich bekannt. Jetzt wäre in der männlichen Psyche zu forschen, warum sie den Söhnen der Provence solch eine Angst einflößt, daß sie ein Ungeheuer aus ihr machen und ihr all die Untaten anlasten, die auf ihrem eigenen Schuldkonto stehen, wie zum Beispiel den Schrecken der Fische, Vögel und aller Tiere. „Es flohen vor ihm die Fische und die Vögel und alle Tiere ...“ Wie viele Tierarten haben Männer bereits ausgerottet, wie viele sind vom Aussterben bedroht? Ich erinnere an die Methoden der Tierhaltung, der Tiertransporte, der Schlachtung. Und weiter: wieviel „Not, Tod und Unglück“ bringen die Heldensöhne über die Menschen, wenn sie durch ihre Bombenteppiche „alles ringsum in ein Flammenmeer verwandeln“ und sie die „Häuser zusammenstürzen lassen“? Wie viele Brücken, Möglichkeiten der Begegnung, reißen sie ein durch die Technisierung und Bürokratisierung, die wachsende Anonymität in der Gesellschaft; wie viele unüberbrückbare Grenzen mit Schießbefehl errichten sie; wie viele Menschen finden auf den Todesstreifen den Tod? Was ist es, was die Drächin zur Projektionsträgerin macht, auf die die eigene Schuld abgewälzt wird? Ist es, daß sie weiblich ist, daß sie ihren Raum, die Rhône, beansprucht?

Ein Angriff mit Waffen verläuft tödlich für die jungen Männer. Blanke Gewalt richtet nichts aus. Nachdem der Sündenbock bzw. die Drächin nicht zu töten ist, wird versucht, sie in den Sumpf zu treiben, wo sie langsam versinken möge im Morast des Vergessens, wie seinerzeit die Israeliten den sündenbeladenen Ziegenbock auf Nimmerwiedersehen in die Wüste jagten. Aber auch der Sumpf wie alles Feuchte, in dem die Anfänge des Lebens liegen, ist ihr Reich. Wie der Gewalt, so spottet sie auch der List und Tücke. Souverän dreht sie um und tut mit donnerndem Brüllen kund, daß sie nicht zum Schweigen zu bringen ist.

Aufhorchen läßt die Beobachtung eines Schäfers. Schäfer, Hirten waren von jeher besondere Menschen. Da sie in engem Kontakt mit der Natur leben, sind sie offen und empfänglich für die Vorgänge um sie herum, haben geschärfte Wahrnehmungsmöglichkeiten und Antennen für außergewöhnliche Ereignisse. Die Hirten auf dem Feld von Bethlehem hörten als erste von der Geburt des göttlichen Kindes. Dieser Schäfer nimmt etwas Neues an der Drächin wahr, nicht, daß ihre Haut hart wie Eisen ist, sondern, daß sie im Sonnenlicht glänzt wie Gold, nicht, daß die Drächin unberechenbar wild wütet, sondern, daß sie „sich alle sieben Jahre gleich einer Schlange häuten" muß, daß sie also selbst Gesetzmäßigkeiten unterworfen ist und daß sie sich wandelt und erneuert. Aber seine Erkenntnis bleibt ungenutzt. Wird seine Botschaft verlacht, er selbst als weltvergessener Spinner abgetan? Was nicht in den Zeitgeist paßt, wurde schon immer verspottet und diffamiert. Noch ist Gewalt angesagt.

Aber nach drei mal sieben Jahren ist die Zeit reif für Martha. Selbst die Bewohner der Stadt Jarnegues spüren das und bitten sie um Hilfe. Und nun ereignet sich etwas Neues: Martha geht allein, ungeschützt und barfuß. Sie trägt das weiße Gewand der in den Wäldern streifenden, ungebundenen jungen Göttin. E. Neumann behauptet, „die weiße Frau gilt bekanntlich in der Folklore meist als negativ (S. 85) … Das Bild der weißen Frau stellt, so scheint uns, den zweideutigen und bedrohlichen Aspekt des Selbst dar … die archetypische Seite des weiblichen Selbst, die uns als Archetyp der furchtbaren Mutter bekannt ist … beim Auftauchen der *weißen Frau* (ist) der Gefahrcharakter unverkennbar" (S. 87). Mit dieser Vorgabe deutet er dann aus seinem männlichen, objektiven, wissenschaftlichen und sachlichen Blickwinkel den Traum einer jungen Frau.

Ist für E. Neumann die weiße Frau der negative, bedrohliche Aspekt der furchtbaren Mutter, so schreibt Ingrid Riedel über die „*weißen* oder *saligen* Frauen, um die sich viele Sagen ranken", daß sie „überwiegend als rettende Wesen … in höchster Not" erscheinen, daß sie mit einem „Heilswissen" und einem „Wissen auch um die Zeit, in der Hilfe nötig ist", begabt sind (I. R., *Die weise Frau in uralt-neuen Erfahrungen*, S. 139). Ich denke, die junge Frau wäre mit dieser Erklärung ihrer Traumerscheinung besser beraten gewesen . Auch die Jungfrau Maria trägt bei ihren Erscheinungen durchweg ein weißes Gewand.

Die weißgewandete Martha macht sich auf die Suche nach der Drächin, denn auch ihre Zeit ist gekommen für eine Auseinandersetzung, um ihre Kraft zu messen und kennenzulernen. Da sie ohne Angst ist, behält sie ihren klaren Blick und sieht die Drächin in ihrer wahren Gestalt und nicht aufgebläht zu einem schrecklichen Ungeheuer. Sie blockiert nicht durch Waffen eine mögliche Kommunikation, sondern signalisiert Freundschaft. Trotz E. Neumanns Prognose, nur das Helden-Ich mit dem patriarchalen Bewußtsein könne einem Verschlungenwerden widerstehen, steht sie wie ein Fels in der Brandung. „Da brach die Gewalt der Tarasque, so wie die wilde Brandung sich an felsigen Gestaden bricht." Die von dem Tiefenpsychologen vorhergesagte Überschwemmung matriarchalen Terrains findet nicht statt.

Martha formt mit ihren Händen ein Kreuz, nicht das Christenkreuz, dessen Besonderheit, wie gesagt, der angenagelte Mensch ist, sondern das uralte Ordnungsschema, die erste Orientierungshilfe der Menschen, mit der sie ihre Welt einteilten, die sie schon vor unendlich langer Zeit in die Höhlenwände ritzten. Sie formt das Kreuz mit den gleichlangen Balken und dem Schnittpunkt in der Mitte als Standort des Menschen, von wo aus er oder sie sich ausstreckt nach den Seiten, in die Höhe und in die Tiefe. Mit diesem Zeichen gibt sie sich gleichsam zu erkennen als zu der uralten Ordnung gehörend, in die auch die Drächin eingebunden ist. Beide verkörpern sie die zyklische Ordnung des Kosmos mit Ebbe und Flut – die Drächin trank das Wasser und spie es wieder aus –, mit einer Häutung im Zyklus von sieben Jahren und mit dem monatlichen Zyklus der Frau. Das Wasser, mit dem Martha die Drächin besprengt, ist ihrer beider gemeinsames Element und ebenfalls Ausdruck ihrer Verbundenheit.

Anders als der Mann, der, um zu seiner Identität zu finden, sich von seinem Ursprung, der Mutter, losreißen muß, braucht die Frau sich nicht gewaltsam zu trennen und ihren Ursprung zu verleugnen oder gar zu vernichten, um sie selbst zu werden. Sie ist wie ihr Ursprung, sie ist die Mutter. Als Zeichen dafür, daß die Verbindung nie abgerissen ist, legt Martha ihren Gürtel wie eine Nabelschnur um die Drächin, während sie das andere Ende hält, so daß die Energie und Lebenskraft von einer zur anderen fließen kann. Nach christlicher Deutung handelt es sich bei Marthas Gürtel um den Gürtel der Keuschheit, Zierde jeder Frau, die sich für einen Mann aufspart, nicht zu verwechseln mit dem mittelalterlichen Keuschheitsgürtel, mit dem die Männer, bevor sie in den Krieg zogen, ihre Frauen zu verschließen pflegten. Mich erinnert er an den Gürtel der Brunhild, der sie an Stärke jedem Mann überlegen machte – ein Schandfleck in einer Heldensage, den Held Siegfried, auch er ist ein Drachentöter, beseitigt, indem er mit List und Tücke den Gürtel seiner Eigentümerin entwendet.
In der griechischen Sage spielt der Gürtel ebenfalls eine Rolle. Hippolyte, die Amazonenkönigin, bietet ihn Herakles als Liebesgabe an; aber als er ihn mit Gewalt von ihr fordert, ist sie eher bereit zu sterben, als ihren Gürtel herzugeben. Herakles tötet daraufhin Hippolyte (R. v. Ranke-Graves, *Griechische Mythologie*, S. 451). Auch dieser Held zeichnet sich dadurch aus, daß er die Schlange tötet. Er erledigt das schon im Kinderbett im Alter von nicht ganz einem Jahr, indem er mit seinen bloßen Händen je eine Schlange erwürgt, wonach er lachend und voll Freude herumspringt (S. 416). Herakles erlangte im griechischen Pantheon Unsterblichkeit, womit die lachende, sich freuende Gewalt über die Frau, über ihre Souveränität und Göttlichkeit – *sie* bestimmte über ihren Gürtel, und die Schlange ist die Göttin – zu höchsten Ehren gelangt und sich sozusagen verewigt.
Erstaunlich ist, daß Marthas Gürtel die Farbe Blau, die Farbe des Geistes hat, wo doch laut E. Neumann und vieler anderer der Mann der Alleinvertreter des Geistes ist, dessen Brutstätten die

sinnigerweise *Alma mater*, Nähr-Mutter, genannten Universitäten sind, die zwar Unmengen an Wissen produzieren und speichern, welches aber keineswegs, wie es vorgibt, das Chaos ordnet, sondern mitten hinein ins Chaos, in den Weltuntergang führt. Die Öffnung der Universitäten Anfang dieses Jahrhunderts auch für Frauen bedeutet für diese nichts weiter als die Erlaubnis, sich diesen männlichen Geist einverleiben und an der Zerlegung der Welt in kleinste Teile – sowohl im übertragenen wie buchstäblichen Sinn – teilhaben zu dürfen, den Ehrgeiz entwickeln zu müssen, ebenfalls zu einem wandelnden Computer zu werden, bei dem sich auf Knopfdruck das angelernte Wissen abfragen läßt. Unter dem Examensdruck bleibt gar keine Zeit mehr zu eigenen Gedankengängen, Infragestellungen und Neuansätzen. Männlicher Geist erzeugt Fachidioten und macht blind für die Vorgänge des Lebens und unfähig, auf existentielle Fragen eine Antwort zu finden, ja, diese Fragen überhaupt erst zu stellen. Sterbenden, als eklatantestes Beispiel, haben MedizinerInnen nichts weiter zu sagen als die Ergebnisse der letzten Laboruntersuchungen.

Die Begegnung zwischen Martha und der Drächin findet in den Wäldern statt, psychologisch gesprochen, tief im Innern der Frau. Im Bewußtsein ihrer Stärke aufgrund ihrer Verbundenheit mit dem Kosmos kehrt sie zu den Menschen zurück, um sie in die ewigen Gesetzmäßigkeiten einzuführen. So hätte die Entwicklung verlaufen können: die Frau als Lehrmeisterin der Menschheit.

Aber: die Männer greifen zu den „Lanzen und Steinen". Warum? Warum haben sie diese friedliche Entwicklung gekippt? Diese Frage steht seit Jahrtausenden im Raum. Ich werde mich hüten, sie für die Männer zu beantworten, obwohl Männer stets sich anmaßen, das Verhalten von Frauen zu deuten und ihr Wesen zu definieren. Statt dessen werde ich nicht aufhören, diese Frage an sie zu stellen: Warum Gewalt? Mein Anteil an der Antwort ist, daß ich die für mich nach männlichen Bedürfnissen maßgeschneiderten Definitionen nicht lebe: ich bin nicht die zu tötende

Abb. 18: Martha als Drachenbesiegerin.
Nürnberg, St.-Lorenz-Kirche, Marthaaltar, 1517

schreckliche Drächin, die zu überwindende Furchtbare Mutter, die zu verteufelnde Eva, die zu erlösende Jungfrau und die auf Altären zu verehrende heilige Martha bzw. Madonna. Ich begnüge mich nicht damit zu weinen und werde gewiß nicht verzeihen. Einen anderen Umgang mit der Drächin läßt die Legende vom heiligen Georg erkennen. Auch hier wird noch die Zusammengehörigkeit von der Frau und dem Drachen deutlich; aber was für Gestalten verbinden sich hier miteinander! Ein vom Ritter zusammengeschlagener, verächtlich von ihm als Wurm bezeichneter Drache, der nach der Züchtigung folgt wie ein „zahmes Hündlein“, und eine zitternde, vom Vater „dahingegebene“ Tochter, die nun gehorsam den Anweisungen des Ritters folgt, die ihr eigenes Leben nicht achtet, damit nur das seine gerettet werde. Ihre ursprüngliche Bedeutung zeigt sich allerdings noch darin, daß nur sie dem Drachen den Gürtel umwerfen und ihn führen kann und daß ihr Erscheinen in der Stadt eine beträchtliche Wirkung hat. Aber ihre Power stellt sie in den Dienst des Herrn, der, gestützt auf ihre Stärke, die Angst der Leute nutzend, mittels Drohung diese in den Schoß der Kirche treibt.
Warum, so ist zu fragen, nutzen sowohl diese Jungfrau als auch Martha ihre Stärke nicht für ihre eigenen Zwecke nach der Methode des heiligen Georg, um sich mit Hilfe der Drächin kirchliche und weltliche Throne zu errichten? Weil ihre Stärke gerade nicht in Gewalt und Unterdrückung besteht, sondern im Lebenlassen; ihr Reich, ihre Kultur ist eben *nicht von dieser Welt*, in der oben geherrscht und unten in Furcht gehorcht, sondern in dem miteinander gelebt wird; und die Drächin ist, wie gesagt, nicht ein „Ungeheuer“ und „Satansgeschöpf“, sondern die Weisheit des Kosmos. Martha hatte keine Chance, sie vor dem Massaker zu retten. Konnte die Drächin in ihrer Furchtbarkeit sich noch der Gewalt der jungen Männer erwehren, so ist sie in ihrer Versöhnungsbereitschaft verletzlich und deren Brutalität ausgeliefert. Und vielleicht sind wir insgesamt nach dem Ausbruch des patriarchalen Bewußtseins aus der kosmischen Ordnung auch tatsächlich nicht mehr zu retten.

Aber warum, um des Himmels willen, läßt die Jungfrau den Drachen vom heiligen Georg als Drohmittel mißbrauchen? Warum stellt sie ihn und sich selbst in den Dienst der Gewalt, statt sich zu verweigern? Das ist die Frage, die ich an viele Frauen stelle.

Die Seele des Wals und das brennende Herz

Es war einmal ein dummer und gespreizter Rabe, der zum Meere flog, weit, weit hinaus.

Er flog und blieb am Fliegen, weiter und immer weiter, und als er müde wurde, begann er nach Land auszuspähen; aber es war kein Land da. Zuletzt war er so müde, daß er sich nur noch schwebend etwas über der Wasseroberfläche halten konnte. Und als plötzlich ein großer Wal dicht vor ihm auftauchte, wurde er so verwirrt, daß er diesem gerade in den Schlund hineinflog.

Einen Augenblick blieb es dunkel um ihn herum, es sauste und plätscherte, und als er schon glaubte, sterben zu müssen, taumelte er geradewegs in ein Haus hinein, in ein schönes und reizendes Haus, wo es hell und warm war. Auf der Schlafbank saß eine junge Frau und machte sich an einer brennenden Lampe zu tun. Sie erhob sich und ging freundlich auf den Raben zu und sagte: „Du bist mir als Gast willkommen, wenn du mir nur einen einzigen Wunsch zu erfüllen gelobst: du darfst niemals meine Lampe anrühren."

Der Rabe war glücklich, daß er sein Leben gerettet hatte, und beeilte sich, ihr zu versichern, daß er die Lampe niemals anrühren würde. Und dann setzte er sich auf die Schlafbank und wunderte sich, wie fein und rein es in dem kleinen Hause war. Es war ein Haus aus Walfischknochen, gebaut wie die Wohnungen der Menschen, und alles darin war so eingerichtet wie bei den Menschen. Aber eine seltsame Unruhe lag über der jungen Frau; sie saß niemals längere Zeit still; in kurzen Zwischenräumen erhob sie sich von der Schlafbank und schlüpfte zur Tür hinaus. Es dauerte nur einen Augenblick, dann kam sie wieder herein; aber gleich danach war sie wieder fort.

„Was macht dich so unruhig?" fragte der Rabe.
„Das Leben", antwortete die junge Frau, „das Leben und mein Atemzug."
Aber diese Antwort verstand er gar nicht.
Der Rabe, der nun zur Ruhe gekommen war und seine Angst vergessen hatte, fing an, neugierig zu werden.
„Was kann das sein, daß ich die Lampe gar nicht anrühren darf?" dachte er; und jedesmal, wenn die Frau hinausschlüpfte und er allein blieb, bekam er immer größere Lust, sein Versprechen zu brechen und hinzugehen, um die Lampe nur ein ganz klein wenig zu betasten. Zuletzt konnte er seine Neugier nicht länger zügeln, und als die Frau wieder zur Tür hinausschlüpfte, sprang er hin und berührte den Docht der Lampe. Im selben Augenblick taumelte die Frau kopfüber zur Tür hinein, fiel auf den Fußboden und blieb da liegen, während die Lampe erlosch.
Zu spät bereute der Rabe, was er getan hatte; er schwankte umher in schwarzer Finsternis, und das schöne, helle Haus war nicht mehr da. Er war nahe daran, zu ersticken. Er irrte zwischen Speck und Blut umher, und so heiß wurde es, daß seine Federn abfielen. Halberstickt taumelte er im Bauch des Wales umher, und nun erst begriff er, was geschehen war.
Die junge Frau war die Seele der Walin, und sie schlüpfte zur Tür hinaus in die frische Luft, jedesmal, wenn die Walin Atem schöpfen mußte, und ihr Herz war eine Lampe mit großer und ruhiger Flamme. Der Rabe hatte aus bloßer Neugier das Herz der jungen Frau berührt, und darum war sie gestorben. Er wußte nicht, daß das Feine und Schöne auch zerbrechlich, vergänglich und leicht zu vernichten ist, denn er selbst war dumm und von zähem Leben; und nun kämpfte er um sein Leben in Finsternis und Blut. Alles, was zuvor schön und rein, war nun häßlich und übelriechend geworden.
Endlich glückte es ihm, auf dem gleichen Wege hinauszuschlüpfen, auf dem er hineingekommen war, und da saß er, ein halbnackter Rabe, beschmiert und besudelt, auf dem Rücken eines toten Wals.

Hier blieb er sitzen und lebte vom Aas, während ihn Wind und Wellen hin und her warfen. Seine Flügel waren zerbrochen durch Hitze und Blut, so konnte er nicht mehr fliegen.
Ein Sturm trieb ihn endlich ans Land, und die Menschen sahen den toten Wal und ruderten in ihren Frauenbooten hinaus, um Fleisch und Speck zu bergen. Als der Rabe sie sah, verwandelte er sich augenblicklich in einen Mann, in einen kleinen, häßlichen, dunkelhäutigen und zerzausten, struppigen Mann, der oben auf dem Wale stand.
Er sprach gar nicht davon, daß er aus lauter Neugier ein Herz angerührt und etwas Feines und Schönes zerstört hatte; er prahlte nur überheblich: „Ich bin es, der den Wal getötet hat! Ich bin es, der den Wal getötet hat!“
Und er wurde ein großer Mann unter den Menschen.

Die Mythe hat Knud Rasmussen aus Alaska (5. Thule-Expedition 1921–1925) überliefert.

Der Rabe und die Walin – eine Mythe aus Alaska

Ist er nun das von E. Neumann skizzierte Kultur schaffende Helden-Ich mit dem patriarchalen Bewußtsein, das sich durch die Tötung des Drachen bzw. der Walin ausweist? „Ich bin es, der den Wal getötet hat, ich bin es, der getötet hat", schreit er, „und er wurde ein großer Mann unter den Menschen." Wegen seiner Fähigkeit zu töten ist er wie geschaffen dazu. Nur, seine sonstigen Qualitäten stehen in argem Widerspruch zu dem Glorienschein, der die anderen Drachentöter umgibt. Er hat so gar nichts Strahlendes an sich: er ist dumm, gespreizt und neugierig, beschmiert und besudelt, klein, häßlich, dunkelhäutig, zerzaust und struppig und hat gebrochene Flügel. Sieht so ein Held Siegfried aus? Aus der Perspektive der Frauenboote, die heranrudern, um die tote Walin zu bergen, aus der Sicht der mit Gewalt Besiegten, der Opfer – ja! So mögen die Ureinwohner Amerikas und Australiens die *kultivierten* Eindringlinge gesehen haben, nur weiß statt dunkelhäutig. Vor lauter Dummheit sahen diese nicht die Werte der Kultur, die sie vorfanden und dann vernichteten. Neugierig – und in Verbindung mit Dummheit ist Neugierde hemmungslos und ohne Ehrfurcht – drangen sie ein, besudelten und beschmierten sich mit Blut und schwangen sich mit Hilfe ihrer Gewehre zu Herren auf. Sie waren so dumm, daß sie nicht merkten, daß sie einzig im Töten-Können überlegen waren.

Ihr großes Vorbild war und ist dabei ihr Gott im Himmel. In ihren Heiligen Schriften animiert er penetrant seine Anhänger, die *Vernichtungsweihe* an anderen Völkern zu vollziehen: „Wenn der Herr, dein Gott, sie dir ausliefert und du sie schlägst, dann sollst du sie der Vernichtung weihen … So sollt ihr gegen sie vorgehen: Ihr sollt ihre Altäre niederreißen, ihre Steinmale zerschlagen, ihre Kultpfähle umhauen und ihre Götterbilder im Feuer verbrennen ... Du wirst alle Völker verzehren, die der Herr, dein Gott, für dich bestimmt. Du sollst in dir kein Mitleid mit ihnen aufsteigen lassen ... Außerdem wird der Herr, dein Gott, Panik unter ihnen ausbrechen lassen ..., so lange, bis auch die ausgetilgt sind, die überleben konnten und sich vor dir versteckt haben ... Du wirst ihren Namen unter dem Himmel austilgen ...“ (Dtn 7, 2 ff.)

Dieser Gott-der-Herr scheut auch nicht davor zurück, seinen einzigen Sohn zu töten. Es gab keine Mutter im Himmel, die ihr Kind hätte schützen können; denn der Vater ist nach Meinung seiner Verehrer Erzeuger und Gebärer in eins und noch dazu der allmächtige Lenker aller Geschicke. So geschieht nichts gegen seinen Willen, und also war der Mord an seinem Sohn von ihm gewollt und nicht nur das: er ist die Grundlage seines Heilsplans mit den Menschen und die Voraussetzung dafür, daß er sie lieben kann.

Töten aus Liebe, töten, damit Frieden herrscht, töten, um die Freiheit zu retten, töten, um das Heil zu bringen – der edlen Motive gibt es genug, um das Leben zu mißachten. Drum wird das Töten zur Perfektion entwickelt. Es ist die einzige Fähigkeit, die die großen Männer bei anderen respektieren. Besuchen sie sich, so führt ihr erster Gang zum Heldenfriedhof, um die Helden zu ehren, die den Heldentod starben. Die Gräber der Frauen und Kinder, die in der Schlacht der Helden notgedrungen mitsterben mußten, bekommen keine Kränze und Gedenkworte. Große Männer ehren sich bei ihren Besuchen gegenseitig durch Aufmärsche von Soldaten. Sie zeigen sich nicht voll Stolz ihre neuesten Kindergärten, Krankenhäuser oder Altersheime. Denen gelten allenfalls Mitleidsbesuche der Ehefrauen, denn es ist ein ungeschriebenes Gesetz, daß Kinderbetreuung, Kranken- und Altenpflege in den unbezahlten Liebesbereich der Frauen fällt. Das so gesparte Geld wird in die Ausrüstung der Männer mit der Fähigkeit zu töten investiert.

Diese mörderische Mentalität äußert sich natürlich nicht nur in Waffengeklirr, sondern verpestet den gesamten Umgang der Menschen miteinander. Wir leben in einem Klima der Feindseligkeit. Zur Zeit stehen die *Verantwortlichen* fassungslos vor der Tatsache, daß die heranwachsenden männlichen Jugendlichen ihnen den Spiegel vorhalten und ihnen ihre eigene im großen Stil praktizierte Destruktivität ungeschminkt im Kleinen, in kleinen Banden und Terroraktionen vorleben. Es ist eine psychologische Binsenwahrheit, daß, wenn etwas faul ist in einer Gesellschaft, es an den schwächsten Gliedern sichtbar wird.

Nach der Theorie von E. Neumann handelt der Held dieser Mythe folgerichtig: Sein mörderischer Umgang mit dem Weiblichen ist ein notwendiger Entwicklungsschritt, auch wenn der Mord mehr ein Versehen ist, das er bereut – aber dieses nur so lange, wie er selbst durch seine Tat bedroht wird. Mit seiner Angst ist auch seine Reue verflogen, und er weiß sehr schnell aus seiner Untat Kapital zu schlagen. Aber diese Mythe verklärt noch nicht im nachhinein den Mord zur Heldentat, die dumme Neugier zum Wagemut und interpretiert Rücksichtslosigkeit nicht als psychische Notwendigkeit. Der Mörder wird noch in seiner ganzen häßlichen Erbärmlichkeit geschildert, die er mit seiner Prahlsucht zu vertuschen sucht. Es wird uns keine Bewunderung vorm Helden abgenötigt; und es fehlt gänzlich die Jungfrau, die aus Dankbarkeit für ihre Befreiung vor ihm auf die Knie fällt; denn mit der in männlichen Augen verschlingenden Furchtbaren Mutter, der Walin, hat der Rabe zugleich die *junge* Frau, die Seele, die anima getötet. In dieser Mythe ist das Weibliche noch nicht aufgespalten in einzelne Aspekte, in den für Männer bedrohlichen der Stärke und Autonomie und den ihnen angenehmen der Liebe. Die Walin läßt sich nicht auseinanderdividieren. Und es lassen sich noch Elemente eines älteren Mythos entdecken. Ich bemühe mich, sie aufzuspüren.

Der Rabe flog zum Meer „weit, weit hinaus. Er flog und blieb am Fliegen, weiter und immer weiter“, völlig grundlos, wie es scheint. Er wird gleich im ersten Satz als dumm und gespreizt vorgestellt. Das läßt ahnen, daß er selbst nicht begreift, warum er fliegen muß, und daß er sich sperren wird. Andeutungsweise ist hier die Unterweltsfahrt des matriarchalen Heros zu erkennen, der in den Mythen der matriarchalen Kulturen stellvertretend für alles Geschöpfliche einen symbolischen Tod erleidet, aus dem er verwandelt zu neuem Leben auferstehen wird. Noch die ChristInnen bekennen von ihrem stellvertretend für sie sterbenden Erlöser: „hinabgestiegen in das Reich des Todes, am dritten Tage auferstanden von den Toten". Wie der Mond auf seiner Fahrt durch den Kosmos für drei Tage im Dunkel verschwindet, um danach verändert, als zunehmende Sichel sich wieder zu zeigen, ist auch Jesus von seiner Todesfahrt verändert, *verklärt* zurückgekehrt.

Aber welch einen Bedeutungswandel hat seine Unterweltsfahrt durch die offizielle Theologie erfahren! Das Interesse der Theologen richtet sich nicht auf die Wandlung des Sohnes durch den Tod hindurch zu neuem Leben, sondern zielt ab auf das Blut, das ihm am Kreuz aus seinen fünf Wunden fließt, um die Sünden der Welt abzuwaschen. Schon die Tatsache, daß der gefolterte, blutende Mann am Kreuz das am meisten verbreitete christliche Symbol ist, macht offenbar, daß brutale Quälerei und sinnloses Leiden ein zentrales Kriterium der christlichen Religion ist. Aus dem matriarchalen Mysterium der Wandlung und Wiedergeburt wurde die patriarchale Lehre vom Tod am Kreuz.

Vor einiger Zeit zeigte das Fernsehen, wie in einer afrikanischen Kultur junge Männer zu Beginn ihrer Reife in einem Initiationsritus mit nur wenig Essen und Trinken für einige Zeit in Erdhöhlen *begraben* werden, um in absoluter Dunkelheit die Grenze ihrer Existenz, das Geheimnis von *stirb und werde* zu erfahren, und das sozusagen im Leib der Mutter Erde. Heutige Interpretation: Sie haben eine Mutprobe zu bestehen, zu zeigen, wie tapfer sie sind. Das innerpsychische Erlebnis wird zu einer vorzeigbaren Tat.

Frauen machen diese Erfahrung von *stirb und werde* viel direkter, nicht in einem Ritus, sondern in einem körperlichen Vorgang.

Wenn sie gebären, sind sie dem Tod sehr nahe. Auch heute noch sterben Frauen bei der Geburt ihres Kindes. Mit dem Einsatz ihres Lebens bringen sie neues Leben hervor, ohne allerdings dafür als Heldinnen gefeiert zu werden, denn Heldenmut im Patriarchat bedeutet, das eigene Leben zu riskieren, um anderen den Tod zu bringen. Aufgrund ihrer körperlichen Nähe zu Gebären und Sterben ist für Frauen das Leben heiliger und der Tod natürlicher und nicht vom Leben abgespalten.
Männer haben ein ambivalentes Verhältnis zum Tod. Einerseits verdrängen sie ihn aus ihrem Leben, verlegen das Sterben in die Intensivstationen und versuchen, sich selbst durch ihre Taten unsterblich zu machen und in den Geschichtsbüchern weiterzuleben. Andererseits denken sie sich die absurdesten Mechanismen aus und nutzen jede Gelegenheit, um die Menschen massenweise in den Tod zu schicken. Trotz ihrer zur Schau getragenen Lebenszuversicht und Lebenstüchtigkeit arbeiten sie unterschwellig in all ihrem Tun auf den Tod hin.
Ihnen fehlt die Erfahrung von der verwandelnden Kraft des Todes. Er schreckt sie als endgültiges Ereignis, als Exitus und Aus, das sich jeder Kontrollierbarkeit und Machbarkeit entzieht. Da sie den Tod nicht wahrhaben wollen, ist er für sie ein Malheur, ein Pech, ein eher peinlicher Vorfall, der durch ärztliche Kunst zumindest hinausgeschoben werden soll. Auf diese Art nehmen sie sich die Möglichkeit des Trauerns, denn trauern kann nur, wer oder welche den Tod akzeptiert hat.
Unserer Kultur fehlt die Große Mutter, die uns in die Geheimnisse des Lebens und Sterbens und in einen natürlichen Umgang mit beidem einführt. Archäologen und Tiefenpsychologen graben sie zur Zeit wieder aus, sowohl unter Erdschichten wie in den Tiefenschichten der Psyche. Aber Männer tun sich schwer, sie zu er-fassen und zu be-greifen, auch wenn sie sie massenweise als Statuetten in Händen halten. Die Tiefenpsychologen, durchdrungen von männlicher Todesangst, säen Mißtrauen, nennen vertrauensvolles Sicheinlassen auf mütterliche Weisheit eine Regression, einen Rückfall in Infantilismus und schildern die Mut-

ter, die in den Tod begleitet, als wahrhaft furchtbares monströses Ungeheuer. Und als männliche Wissenschaftler mit dem objektiven Blick müssen sie es ja wissen. In unserer dem männlichen Geist huldigenden Kultur mit den von ihm geschaffenen Ismen wie Rationalismus, Empirismus, Positivismus haben Frauen als Stellvertreterinnen der Großen Mutter mit ihren weiblichen Erfahrungen keine Chance.

Der Rabe ist unterwegs zur Walin. Buffie Johnson stellt fest, daß der Fisch ein Symbol für die Muttergöttin ist. „Der Bauch des Delphins, seine Weisheit und sein Mitempfinden für die Menschen verbinden ihn mit der Großen Mutter" (*Die Große Mutter in ihren Tieren*, S. 242). Der Fisch und seine Abstraktion, die Raute, sind uralte, auf der ganzen Erde verbreitete Symbole für den Schoß und die Wiedergeburt. „Als Bewohner des Wassers und erster Vertreter tierischen Lebens symbolisiert der Fisch schöpferische Kräfte und Kräfte der Wiedergeburt. Er hält neben dem Baum der Erkenntnis Wache, und sein sprichwörtlicher

Abb. 19: Die Mutter der Mysterien mit einem Fisch auf dem Rock. Böotien, Griechenland; 7. Jahrhundert v. Chr.

Abb. 20: Auf einem Ziegel aus einem chinesischen Grab deuten sowohl Fisch als auch Raute auf die Wiedergeburt hin.
China, Han-Dynastie; 202 v. Chr. – 221 n. Chr.

Scharfsinn ist eine Metapher für die Weisheit der Frauen" (S. 238). Wiedergeburt, Baum der Erkenntnis und Weisheit – das sind auch die Attribute der Schlange, die auch ein Wassertier ist. Die Symbolik für Schlange/Drache und Fisch/Wal hat zum Teil fließende Übergänge. Der biblische „Leviathan ähnelt teils einem Walfisch, teils einem Krokodil" (v. Ranke-Graves u. R. Patai, *Hebräische Mythologie*, S. 61). Und der assyrische Chaosdrache Anzu wird mit Fischen und Rauten dargestellt (siehe Abb. 1).

Es ist die Muttergöttin, der der Rabe entgegenfliegt. Er fliegt über das Meer, das Symbol für das Unbewußte, die eigene Tiefe, fliegt darüber hinweg, schwebt dichter über der Wasseroberfläche, taucht schließlich ein und landet geradewegs durch den Schlund im Bauch der Walin. Anfangs erlebt er nichts als Dunkelheit. Er hat die Grenze seiner Existenz erreicht, den Grund seiner Seele. „Als er schon glaubte, sterben zu müssen", begegnet er der Frau und macht Erfahrungen, die ihm nur in dieser äußersten Grenzsituation zugänglich sind: daß alles sich in einer gegenseitigen Abhängigkeit, in einem Zusammenhang bewegt, die Dunkelheit und das Licht, das Chaos und die Ordnung, Leben und Tod; daß eins das andere bedingt. Ich frage mich, ob hier ursprünglich der Erzähler dieses Bild verwendete, um sein Erleben des sich gegenseitigen *Erkennens* – der biblische Ausdruck für die Begegnung der Geschlechter im Geschlechtsakt – zu beschreiben, sein Eintauchen in die ihn umfassende Weiblichkeit, seine Hingabe fast bis zur Selbstauflösung und das liebevolle Umfangen- und Aufgefangenwerden.

Patriarchale Gemüter mögen in dem Haus aus Walfischknochen das traute Heim vermuten, das die Frau dem Mann bereitet, wenn er abends müde und abgekämpft nach Haus kommt. Aber in dieses Bild paßt nicht die Souveränität, mit der die Frau über dieses Haus verfügt. Sie ist es, die die Erlaubnis zum Betreten erteilt und willkommen heißt, erstaunlich, da doch gängige Praxis ist, daß der Mann über alle Zugänge verfügt, selbst über die zum Himmelreich und zum weiblichen Körper. In der Tat, nicht einmal über letzteren ist die Frau Herrin. Der Mann entscheidet, wann er Lust auf sie und der Sexualverkehr stattzufinden hat. Spricht *sie* die Einladung aus, ist sie eine Verführerin, und verweigert sie sich, so ist sie frigide. Und spricht sie gar den vermessenen Satz „Mein Bauch gehört mir", dann ist der Teufel los. Ich wage zu behaupten, daß die hitzige Diskussion, die mit Sicherheit bei dieser gewagten Feststellung entbrennt, sich weniger an der Frage entzündet, ob dieser umstrittene Satz eine Befürwortung von Abtreibung beinhaltet, als vielmehr an der gotteslästerlichen Kühnheit der Frau, festzustellen, daß ihr eigener Bauch ihr gehört. Und ich wage weiter zu behaupten, daß Vergewaltigung nur möglich ist in einer Gesellschaft, die der Frau nicht die Souveränität und Autonomie gestattet zu sagen: „Mein Bauch gehört mir". Besitzt der Mann übrigens einen Körperteil, von dem er zugeben soll, daß er ihm nicht gehört?

Die Mythen-Frau stellt unmißverständlich klar, als was ihr der Rabe willkommen ist: als Gast, keinesfalls als Hausherr in ihrem eigenen Reich. Ferner knüpft sie eine Bedingung an seinen Aufenthalt: „Du darfst niemals meine Lampe anrühren." Sie äußert sie ohne Begründung und Strafandrohung; denn sie vertritt eine Ordnung, die sozusagen in der Natur der Dinge liegt, die ihren Sinn und ihre Strafe in sich selber trägt. Selbstverständlichkeiten brauchen nicht begründet und nicht geschützt zu werden.
Die Frau „machte sich an einer brennenden Lampe zu tun". Mitten in der Dunkelheit des Walfischbauches hütet sie das Licht. Mitten in der Tiefe des Grabes leuchtet das weiße Gewand des Engels mit der Auferstehungsbotschaft. Nur wer oder welche sich mitten hineinbegibt in das Dunkel, wird sie erfahren. Die Frauen steigen hinab zum Engel; Petrus und Johannes werfen nur kurz von oben einen Blick ins Grab und sehen nichts und vernehmen nichts – und verkünden trotzdem. Auch wer oder welche die Todesgöttin als verschlingende Furchtbare Mutter diffamiert, wird nichts vom Leben erfahren; denn das Leben beginnt mitten im Tod, wie der Rabe das Licht findet, „als er schon glaubte, sterben zu müssen"; aber er ist zu „dumm", um diesen Zusammenhang zu verstehen. Was, um des Himmels willen, ist es, was ihn treibt, das Licht zu löschen?
Als er den Docht berührt, bricht das große Chaos herein. Mit dieser Mythe werden die Tiefenpsychologen ihre Schwierigkeit haben zu beweisen, daß es der Mann ist, der mit Hilfe des Lichtes seines männlichen Geistes und der Klarheit seines ordnenden Verstandes die Frau aus der Finsternis und dem Chaos ihres Unbewußten führt, und was der Thesen mehr sind.
Was die Kenner der menschlichen Psyche das weibliche Chaos nennen, ist die Ursprungssituation des weiblichen Bewußtseins, die alle Möglichkeiten der Entwicklung in sich birgt, eine für das begrenzte patriarchale Bewußtsein sicherlich verwirrende Vielfalt. Das Chaos der Fülle mag bei einem beschränkten Fassungsvermögen gewiß Ängste vor Überschwemmung und vorm Verschlungenwerden auslösen. Es ist schöpferisch und bringt aus

sich selbst Neues hervor, wohingegen das männliche Chaos ein von Dummheit, Neugierde und Prahlsucht ausgelöstes Desaster ist, eine hausgemachte Misere, die in die Vernichtung führt. „Alles, was zuvor schön und rein, war nun häßlich und übelriechend geworden … er schwankte umher in schwarzer Finsternis, und das schöne, helle Haus war nicht mehr da."

Die Begegnung des Raben mit der Walin, der Großen Mutter, mit der Frau, dem Weiblichen, hat bei ihm keine Veränderung in Gang gesetzt. Er begreift sie nicht. „Aber diese Antwort verstand er gar nicht." Weder versteht er die Ordnung, nach der sie lebte, noch respektiert er sie. „Er bekam immer größere Lust, sein Versprechen zu brechen … Zuletzt konnte er seine Neugier nicht länger zügeln." Dann endlich wird er durch Schaden klug: Er hatte die junge Frau getötet, als er ihr Herz „aus bloßer Neugier" berührte. Ihr Wesen war ihm dabei fremd geblieben. Auch aus seinem Fehler hätte er noch lernen können. Aber den sieht er nur insoweit ein und bereut ihn, als er ihm Nachteile bringt. Daß es das Leben war, was die Frau umtrieb, interessiert ihn nicht. *„Das Leben*, antwortete die junge Frau, *das Leben*." Was ihn umtreibt, ist das Töten. „Ich bin es, der den Wal getötet hat. Ich bin es, der getötet hat." Gar nicht laut genug kann er es schreien. Und seine Karriere als „großer Mann unter den Menschen" baut er auf auf seinem Mord an der Walin, der Großen Mutter.

Das Buch Jona

1 Das Wort des Herrn erging an Jona, den Sohn Amittais:
2 Mach dich auf den Weg, und geh nach Ninive, in die große
Stadt, und droh ihr (das Strafgericht) an! Denn die Kunde von ih-
rer Schlechtigkeit ist bis zu mir heraufgedrungen.
3 Jona machte sich auf den Weg; doch er wollte nach Tarschisch
fliehen, weit weg vom Herrn. Er ging also nach Jafo hinab und
fand dort ein Schiff, das nach Tarschisch fuhr. Er bezahlte das
Fahrgeld und ging an Bord, um nach Tarschisch mitzufahren,
weit weg vom Herrn.
4 Aber der Herr ließ auf dem Meer einen heftigen Wind losbre-
chen; es entstand ein gewaltiger Seesturm, und das Schiff droh-
te auseinanderzubrechen. 5 Die Seeleute bekamen Angst ... 12 Jona
antwortete ihnen: Nehmt mich und werft mich ins Meer, damit
das Meer sich beruhigt und euch verschont. Denn ich weiß, daß
dieser gewaltige Sturm durch meine Schuld über euch gekommen
ist. 13 Die Männer aber ruderten mit aller Kraft, um wieder an
Land zu kommen; doch sie richteten nichts aus, denn das Meer
stürmte immer heftiger gegen sie an ... 15 Dann nahmen sie Jona
und warfen ihn ins Meer, und das Meer hörte auf zu toben ...

2 Der Herr aber schickte einen großen Fisch, der Jona ver-
schlang. Jona war drei Tage und drei Nächte im Bauch des
Fisches, 2 und er betete im Bauch des Fisches zum Herrn, seinem
Gott:
3 In meiner Not rief ich zum Herrn, / und er erhörte mich.
Aus der Tiefe der Unterwelt schrie ich um Hilfe, / und du hörtest
mein Rufen.
4 Du hast mich in die Tiefe geworfen, / in das Herz der Meere;
mich umschlossen die Fluten, / all deine Wellen und Wogen /
schlugen über mir zusammen.
5 Ich dachte: Ich bin aus deiner Nähe verstoßen. / Wie kann ich
deinen heiligen Tempel wieder erblicken?

6 Das Wasser reichte mir bis an die Kehle, / die Urflut umschloß mich; / Schilfgras umschlang meinen Kopf.
7 Bis zu den Wurzeln der Berge, / tief in die Erde kam ich hinab; / ihre Riegel schlossen mich ein für immer.
Doch du holtest mich lebendig aus dem Grab herauf, / Herr, mein Gott.
8 Als mir der Atem schwand, dachte ich an den Herrn, / und mein Gebet drang zu dir, / zu deinem heiligen Tempel.
9 Wer nichtige Götzen verehrt, / der handelt treulos.
10 Ich aber will dir opfern / und laut dein Lob verkünden.
Was ich gelobt habe, will ich erfüllen. / Vom Herrn kommt die Rettung.
11 Da befahl der Herr dem Fisch, Jona ans Land zu speien.

3 *Das Wort des Herrn erging zum zweitenmal an Jona:*
2 Mach dich auf den Weg, und geh nach Ninive, in die große Stadt, und droh ihr all das an, was ich dir sagen werde.
3 Jona machte sich auf den Weg und ging nach Ninive, wie der Herr es ihm befohlen hatte …
5 Und die Leute von Ninive glaubten Gott. Sie riefen ein Fasten aus, und alle, groß und klein, zogen Bußgewänder an … Da reute Gott das Unheil, das er ihnen angedroht hatte, und er führte die Drohung nicht aus.

(Einheitsübersetzung von 1980, Kath. Bibelanstalt, Stuttgart)

Abb. 21: Jonas-Fisch um 1750. Aldersbach, ehem. Zisterzienser-Abteikirche.

Jona und der Wal – eine biblische Mythe

Die biblische Walin hat die Begegnung mit dem Mann Jona überlebt, aber um welchen Preis! Zunächst packt mich bei dieser Erzählung wieder die Wut und der heilige Zorn, weil ich wie immer die männlichen Umdrehungen korrigieren muß, um an die ursprüngliche Aussage heranzukommen.

Die Große Mutter zeigt sich im großen Fisch, wird im Volksmund zum männlichen Wal und hat ihre Souveränität eingebüßt unter der Herrschaft Gott-des-Herrn. Der Herr ist es, der die Regie führt bei dem Geschehen. *Er* schickt den Fisch, und *er* entscheidet, wann Jona verschlungen und wann er wieder ausgespien werden soll. Und mitten aus dem „Bauch des Fisches" heraus, „aus dem *Schoß* der Unterwelt" (Zürcher Bibel) schreit Jona … natürlich zum Herrn! Es ist schon absurd: Vom weiblichen Schoß umfangen, schreit er um Rettung zum Herrn! Die Herausgeber der Einheitsübersetzung haben das allzu eindeutig weibliche Wort *Schoß* wohlweislich wiedergegeben mit *Tiefe*. Als hätte Jona die warnenden Worte der Tiefenpsychologen vor der verschlingenden Furchtbaren Mutter gelesen und ihre Verherrlichungen des männlichen Geistes, so vorbehaltlos klammert er sich an den Herrn.

Und ist aus der Sicht der Tiefenpsychologen sein Verschlungenwerden vom Weiblichen eine gefährliche Regression, so ist sie aus der Sicht der Theologen eine Strafe für seinen Ungehorsam – weil er nicht der Stadt Ninive predigen wollte –, wie die Überschrift in der Zürcher Bibel kundtut: „Jonas Sendung, Ungehorsam und Strafe".

Jonas Gebet ist voll weiblicher Symbolik. Er erkennt, daß er im „Bauch des Fisches" ist, im „Schoß der Unterwelt", im „Herzen der Meeres“, an den „Wurzeln der Berge“ und in „der Tiefe der Erde“, also mitten im weiblichen Element; aber da er ganz im Sinne der Tiefenpsychologen und Theologen nur unentwegt zum Herrn um Rettung schreit, bringt ihm die Begegnung mit dem Ur-Weiblichen nichts. Da sie zu einer männlichen Erziehungsmaßnahme verkommen ist, ist das Resultat nichts weiter als ein gehorsamer Jona, der, zwar immer noch murrend und ohne Einsicht, aber dennoch getreu dem Willen des Herrn der Stadt Ninive predigt. Jona ist nicht weise geworden, sondern, wie es sich für Menschen des Patriarchats ziemt, folgsam.

Was ursprünglich eine weibliche Einführung in die Zusammenhänge von Leben und Tod war – das totale Sicheinlassen auf die Große Mutter in ihrer Gestalt als Todesgöttin, wobei der Tod als Wandlung zu neuem Leben erfahren wird –, führt nun zur Unterwerfung unter den absoluten Willen des Herrn, welcher von Fall zu Fall nach seiner jeweiligen Befindlichkeit willkürlich über Tod und Leben entscheidet. Ist er wie in diesem Fall gnädig gestimmt, verschont er Ninive, während er ein anderes Mal in seinem Grimm ganze Völker vernichten wird. Er *benutzt* den Tod als Strafe für Ungehorsam: Weil die Menschen sein Verbot übertreten und vom Baum der Erkenntnis gegessen haben, müssen sie sterben (Gen. 2, 17).

Die Walin blieb zwar am Leben, aber bis zur Unkenntlichkeit entstellt, ist sie nichts weiter mehr als ein Züchtigungsinstrument in der Hand des Herrn.

Jesus sieht sich in einem Zusammenhang mit Jona, wenn er sagt: „Denn wie *Jona drei Tage und drei Nächte im Bauch des Fisches* war, so wird auch der Menschensohn drei Tage und drei Nächte im Schoß der Erde sein“ (Matth. 12, 40). Nach der Devise *wehret den weiblichen Anfängen* haben die Einheitsbibelübersetzer auch an dieser Stelle den *Schoß* verschwinden lassen und reden statt dessen vom *Innern der Erde*.

Auch Jesu Unterweltsfahrt ist zu einer Strafmaßnahme Gott-des-Herrn geworden, diesmal nicht wegen seines eigenen Ungehorsams, sondern wegen des Ungehorsams seiner Brüder. Jesus

selbst präsentiert sich in der Lehre der Kirche von Anfang an als Musterbeispiel für Gehorsam. „Nicht mein Wille geschehe, sondern der deine“ (Luk. 22, 42). Daß nach drei Tagen Frauen in sein Grab steigen und das Ende seines *Todes*, seiner Unterweltsfahrt und seine Wiedergeburt verkünden: *Er lebt!* – diese uralte Frauenweisheit, diese Botschaft der Frauen vom Leben ist dem Diktat des Paulus zum Opfer gefallen: „Sie sollen schweigen!“
Und so ist in der christlichen Wiedergeburt, der Taufe, nun außer dem Wasser nichts Weibliches mehr zu entdecken. Aus dem Eintauchen in das weibliche Element ist ein Beträufeln mit ein paar Wassertropfen geworden. Und eigentlich werden die Säuglinge, wie die Kirche lehrt, auch mit dem Blut des Herrn gewaschen, das er für ihre Sünden vergossen hat. Sie empfangen durch die Vermittlung der männlichen Priester nicht etwa die ruach, die Geistin – in der Sprache Jesu ist der Geist weiblich –, sondern den Geist Gott-des-Herrn. Nach der natürlichen Geburt durch die Mutter wartet auf jedes Kind laut christlicher Heilslehre die Vorhölle. Erst durch das männliche Opferblut, das vergossen wurde als Folge von Verrat, Gewalt und Grausamkeit, wird es gerettet für den Himmel. Tiefenpsychologisch wäre das zu deuten als symbolische Vorwegnahme des späteren Entwicklungsschrittes vom Verhaftetsein im mütterlichen Ursprung hin zur Freiheit des patriarchalen Bewußtseins.
Im Christentum ist die Walin nicht nur tot. Es sind nicht einmal mehr ihre toten Reste zu bergen, wie dies die Frauen in der Mythe vom Raben und der Walin tun, so restlos ist sie eliminiert, ausgelöscht. Nur der Schrei: „Ich habe getötet, ich habe getötet!“ hallt noch durch die Christenheit, und das Morden will kein Ende nehmen; aber auch das bringt niemand mehr in Zusammenhang mit ihr, der Walin, dem großen Fisch, der Großen Mutter, damit, daß es mit dem Mord an ihr begann.

Der dreizehnte Sohn des Königs von Erinn

Vor langer Zeit lebte einmal ein König in Erinn und der hatte dreizehn Söhne. Als sie herangewachsen waren, ließ er sie in allen Künsten unterweisen, die ihrem Rang angemessen waren. Nun geschah es, daß der König eines Tages auf der Jagd zu einem See kam, darauf sah er eine Schwanenmutter mit dreizehn Jungen. Diese aber hielt nur zwölf davon bei sich. Das dreizehnte aber trieb sie immerzu weg und ließ es den andern nicht nahe kommen. Darüber wunderte sich der König sehr. Als er nun nach Hause kam, rief er seinen Ratgeber, den alten blinden Weisen, zu sich, und sprach:

„Etwas Seltsames sah ich heute bei der Jagd. Da war eine Schwanenmutter mit dreizehn Jungen. Doch sie behielt nur zwölf bei sich und trieb das dreizehnte immerzu weg. Sage mir doch du, der du weise bist, was hat das zu bedeuten? Warum sollte eine Mutter ihr dreizehntes Kind hassen und die zwölf andern beschützen?“

„Wisse“, sprach der alte blinde Weise, „alle Geschöpfe der Erde, ob Tier oder Mensch, welche dreizehn Junge haben, sollten das dreizehnte wegstoßen, damit es allein durch die Welt wandere und sein Schicksal suche, damit der Wille des Himmels sein Werk an ihm tun kann und die andern verschonen möge. Auch du, mein König, der du dreizehn Söhne hast, mußt den dreizehnten der Diachbha, der Schicksalsgottheit, ausliefern.“

„War es das, was die Schwanenmutter mir zeigen wollte, daß auch ich meinen dreizehnten Sohn der Diachbha geben muß?”

„Ja, so ist es“, sprach der Weise, „du mußt einen von deinen dreizehn Söhnen hergeben.“

„Ach“, klagte der König, „wie kann ich einen fortgeben, wenn ich sie alle liebe, und welcher sollte es denn sein?“

„Ich will dir sagen, was du tun mußt", antwortete der Weise. „Wenn heute abend deine dreizehn Söhne heimkommen, so schließe die Tür vor dem letzten."
Nun war aber einer der Königssöhne sehr langsam. Er war nicht so flink und gewandt wie seine Brüder. Es war der Älteste und man nannte ihn Sean Ruadh (der rote Johann) und doch war er der beste und größte Held von allen. An diesem Abend nun kam er als letzter heim, und als er vor der Türe stand, schloß sie sein Vater vor ihm zu. Sean Ruadh hob die Hände auf und sprach:
„Was willst du von mir, was hast du mit mir vor, Vater?"
„Die Pflicht fordert von mir", sprach der König, „daß ich einen meiner Söhne der Diachbha zu geben habe, und weil du heute abend der letzte warst, mußt du gehen."
„Dann will ich gehen", sprach der Sohn. „Gib mir eine Ausrüstung für die Wanderung in die weite Welt."
Die Ausrüstung wurde gebracht und Sean Ruadh legte alles an. Zuletzt gab ihm der Vater noch ein schwarzes Roß, das so schnell war, daß es den Wind vor sich überholen und den Wind hinter sich weit zurücklassen konnte. Sean Ruadh bestieg das Roß und ritt davon ohne zu rasten und zu ruhen.
Eines Morgens nahm er ein paar alte Kleider, die er in seinem Bündel am Sattel hatte, heraus, zog sie an, ließ sein Pferd im Wald zurück und ging auf eine Lichtung. Er mußte nicht lange warten, bis ein fremder König heranritt und zu ihm sprach:
„Wer bist du und wohin gehst du?"
„Oh", sagte Sean Ruadh, „ich streife nur so umher, ich weiß nicht, was ich tun soll und habe kein Ziel."
„Wenn es so mit dir steht", meinte der König, „dann komm mit mir."
„Wozu soll ich mit dir gehen?" fragte Sean Ruadh.
„Ich habe eine große Herde Kühe", sagte der König, „und ich habe keinen Hirten für sie. Doch habe ich noch eine andere Sorge und einen großen Kummer. Meine Tochter wird nämlich bald eines schrecklichen Todes sterben, denn tief im Meer lebt eine

riesige Seeschlange und dieses Ungeheuer muß alle sieben Jahre eine Königstochter bekommen, die es verschlingt. Alle sieben Jahre taucht das Untier aus dem Meere auf, um seinen Tribut zu fordern, und dieses Mal ist die Reihe an meiner Tochter. An welchem Tag genau das Ungeheuer auftauchen wird, wissen wir nicht. Das ganze Land trauert mit mir um mein unglückliches Kind."

„Vielleicht wird einer kommen, der sie retten wird", sprach Sean Ruadh.

„Ach", sprach der König, „es ist schon ein ganzes Heer von Königssöhnen da. Alle haben versprochen, sie zu retten, aber ich fürchte, keiner von ihnen wird den Kampf mit der Seeschlange bestehen."

Sean Ruadh kam mit dem König überein, daß er ihm sieben Jahre dienen wolle, und ging mit ihm heim.

Am nächsten Morgen trieb Sean Ruadh des Königs Kühe auf die Weide. Nun aber lebten nicht weit von der Burg des Königs drei Riesen. Sie hausten in drei Schlössern. Sean Ruadh trieb die Herde bis zum Weideland der Riesen, stieß ein Stück der Umfassungsmauer um und ließ die Kühe hinein. Das Gras war sehr hoch und dreimal so gut wie auf den besten Weiden des Königs. Als Sean Ruadh nun dasaß und die Kühe hütete, kam ein Riese auf ihn zugerannt und schrie laut:

„Ich weiß nicht, soll ich dich in die Lüfte blasen, daß du in tausend Stücke zerfällst, oder soll ich dich mit einem Bissen verschlingen!"

„Prahle nicht", sprach Sean Ruadh, „du sollst wissen, daß ich hergekommen bin, dir das Lebenslicht auszublasen."

„Welche Art des Kampfes willst du?" fragte der Riese. „Auf den grauen Steinen oder mit scharfen Schwertern?"

„Kämpfen will ich mit dir auf den grauen Steinen!" rief Sean Ruadh, „wo deine ungeschlachten Beine immer tiefer einsinken, meine aber oben bleiben werden."

Sie fingen an zu kämpfen. Beim ersten Mal drückte Sean Ruadh den Riesen bis zu den Knien zwischen die harten grauen Steine, beim zweiten bis zum Gürtel und beim dritten bis zu den Schultern.

„Halt ein! Zieh mich raus!" schrie der Riese, „ich will dir auch mein Schloß und alles, was ich besitze, geben. Mein Lichtschwert will ich dir geben, das jeden Gegner mit einem einzigen Streich tötet. Mein schwarzes Pferd will ich dir geben, das schneller ist wie der Wind. All dies findest du in meinem Schloß."

Sean Ruadh tötete den Riesen und ging hinauf zum Schloß. Dort sprach die Magd zu ihm:

„Sei von Herzen willkommen, du hast mich aus der Gewalt des schrecklichen Riesen befreit. Komm mit mir, ich will dir all seine Schätze zeigen."

Sie öffnete die Tür zur Kammer des Riesen und sprach: „Hier sind die Schlüssel des Schlosses. Alles ist dein."

„Behalte sie, bis ich wiederkomme. Ich lege mich jetzt zum Schlafe nieder. Wecke mich bei Sonnenuntergang", sprach Sean Ruadh und legte sich in des Riesen Bett. Er schlief bis die Sonne sich dem Untergang neigte. Dann weckte ihn die Magd und er trieb des Königs Herde nach Hause. Noch nie hatten die Kühe soviel Milch gegeben wie an diesem Abend. Sie gaben soviel Milch wie sonst in einer Woche.

Sean Ruadh aber ging zum König und fragte:

„Ist die schreckliche Seeschlange wieder aus dem Meere aufgetaucht?"

„Nein, noch ist meine Tochter am Leben", antwortete der König. „Aber wer weiß, vielleicht kommt das Ungeheuer schon morgen."

„Vielleicht kommt es auch morgen nicht, sondern erst an einem anderen Tag", sprach Sean Ruadh und ging wieder in den Stall. Und der König hatte keine Ahnung, wie stark Sean Ruadh war, denn er ging barfuß, zerlumpt und abgerissen.

Am zweiten Morgen trieb Sean Ruadh des Königs Kühe auf des zweiten Riesen Land. Auch dieser kam herausgerannt mit denselben Fragen und Drohungen wie der erste, und der Kuhhirte gab die gleichen Antworten wie am Tage zuvor. Wieder fingen sie

an zu kämpfen und als der Riese bis zu den Schultern in dem harten grauen Felsen steckte, sprach er:
„Wenn du mir das Leben schenkst, will ich dir mein Lichtschwert und mein rotes Pferd geben."
„Wo ist dein Lichtschwert?" fragte Sean Ruadh.
„Es hängt über meinem Lager", antwortete der Riese.
Da lief Sean Ruadh zum Schloß des Riesen, nahm das Schwert von der Wand und laut schrillte das Schwert als er es packte, doch er ließ es nicht los, eilte zum Riesen zurück und fragte:
„Wie kann ich des Schwertes Schneide prüfen?"
„An einem Stock", war die Antwort.
„Keinen besseren Stock seh ich als deinen Hals", sagte Sean Ruadh und schlug dem Riesen den Kopf ab. Darauf ging er wieder in das Schloß und hing das Schwert auf.
„Segen über dich!" rief die Magd, „daß du den Riesen getötet. Komm, und ich will dir all seine Schätze zeigen."
In diesem Schloß fand Sean Ruadh noch größere Schätze als im ersten. Wieder gab er der Magd, nachdem er alles gesehen hatte, die Schlüssel, damit sie diese für ihn aufbewahre bis er sie brauche. Wieder schlief er wie am Tag zuvor. Am Abend trieb er wieder die Herde nach Hause. Der König aber sprach:
„Seit du hier bist, lacht mir das Glück. Meine Kühe haben heute dreimal soviel Milch gegeben wie gestern."
„Kam das Ungeheuer heute?" fragte Sean Ruadh.
„Auch heute ist es nicht aus dem Meere aufgetaucht", antwortete der König, „aber es kann sein, daß es morgen kommt."
Auch am dritten Tag trieb Sean Ruadh des Königs Kühe aus, und er trieb sie auf das Land des dritten Riesen. Auch dieser kam sogleich herbei und kämpfte mit dem Hirten einen noch wilderen Kampf als die beiden anderen.
Aber Sean Ruadh stieß den Riesen bis zu den Schultern in die grauen Steine. Da rief der Riese:
„Laß mich am Leben, und ich schenke dir mein Lichtschwert und mein weißes Pferd mit der silbernen Mähne, das schneller ist wie der Gedanke des Menschen."

Sean Ruadh aber tötete den Riesen. Auch in dessen Schloß wurde er von der Magd mit Freude und Segenswünschen empfangen. Auch sie zeigte ihm alle Schätze und übergab ihm die Schlüssel. Doch auch ihr ließ er sie zur Bewahrung bis er sie brauchen würde.

Am Abend gaben des Königs Kühe noch mehr Milch als zuvor.

Als der vierte Tag gekommen war, zog Sean Ruadh wieder mit der Herde aus. Er machte halt vor dem Schloß des ersten Riesen, und die Magd mußte ihm das Gewand des Riesen bringen. Dieses war tiefschwarz. Er legte es an und war schwarz wie die Nacht, und er gürtete sich das Lichtschwert um. Dann bestieg er das schwarze Roß, das schneller war wie der Wind, und zwischen Himmel und Erde dahinsausend machte er nicht eher halt, als bis er zum Meeresstrand kam. Dort sah er Hunderte und aber Hunderte von Königssöhnen, die alle den sehnlichsten Wunsch hatten, des Königs Tochter zu retten. Zugleich aber hatten sie solche Angst vor dem schrecklichen Ungeheuer, daß sie sich nicht in ihre Nähe trauten.

Als Sean Ruadh die Königstochter und die zitternden Ritter gesehen hatte, ritt er auf seinem schwarzen Roß zum Schloß und der König erblickte einen schönen Fremdling, der zwischen Himmel und Erde heranritt und vor ihm haltmachte.

„Ist am Meeresufer ein Markt oder ein großes Kampfspiel?" fragte der Fremde.

„Hast du nicht gehört", antwortete der König, „daß heute ein Ungeheuer, die große Seeschlange aus dem Meer auftauchen wird um meine Tochter zu verschlingen?"

„Nein, ich habe nichts vernommen", sprach der Fremde, wandte sein Roß und verschwand.

In kurzer Zeit war der schwarze Reiter bei der Königstochter, die allein auf einem Felsen über dem Meere saß. Wie sie den Fremden erblickte, dachte sie, er sei der schönste Mann auf Erden und ihr Herz frohlockte.

„Hast du denn keinen, der dich retten kann?" fragte der Reiter.

„Nein, niemanden."

„So erlaube, daß ich mein Haupt in deinen Schoß lege bis das Ungeheuer kommt, dann wecke mich auf."
Er legte sein Haupt in ihren Schoß und fiel in tiefen Schlaf. Doch während er schlief, nahm die Königstochter drei Haare von seinem Haupt und barg sie in ihrem Busen. Kaum hatte sie das getan, da tauchte das Ungeheuer aus dem Meere auf. Es war groß wie eine Insel und während es herankam blies es das Wasser gen Himmel. Sie weckte den Fremden und dieser sprang in die Höhe.
Die große Seeschlange näherte sich der Königstochter und riß den Rachen auf so weit wie ein Brückenbogen. Aber schon stand der schwarze Ritter da und rief:
„Diese Jungfrau gehört mir, rühre sie nicht an!"
Dann zog er sein Lichtschwert und hieb dem Ungeheuer mit einem einzigen Streich das Haupt ab. Aber siehe, das Haupt fuhr zurück an seinen Platz und wuchs wieder an. In einem Augenblick hatte der Seedrache sich umgewendet und eilte ins Meer zurück. Und im Forteilen schrie er noch:
„Morgen werde ich wiederkommen und die ganze Welt verschlingen!"
„Vielleicht", sprach der schwarze Ritter, „wird ein anderer als ich dir hier entgegentreten."
Sean Ruadh aber bestieg sein schwarzes Pferd und war auf und davon, ehe die Königstochter ihn hindern konnte. Und ihr Herz war traurig, als sie ihn schneller als der Wind zwischen Himmel und Erde davoneilen sah.
Sean Ruadh ritt zum Schloß des ersten Riesen, brachte das Pferd in den Stall, legte Kleider und Schwert ab. Dann schlief er auf des Riesen Bett, bis die Magd ihn am Abend weckte. Und er trieb die Kühe heim wie jeden Tag.
Er begegnete dem König und fragte:
„Wie ist es deiner Tochter heute ergangen?"
„Oh, das Ungeheuer stieg aus dem Meer um sie zu holen, aber ein wunderschöner schwarzer Held kam zwischen Himmel und Erde angeritten und rettete sie."
„Wer ist denn dieser Held gewesen?"

„Unter den Rittern sind viele, die behaupten, sie hätten sie gerettet. Aber noch ist meine Tochter nicht in Sicherheit, denn morgen wird der Meeresdrache wiederkommen."
„Fürchte dich nicht, sicher kommt morgen ein anderer Ritter."
Früh am nächsten Tag trieb Sean Ruadh des Königs Herde auf das Land des zweiten Riesen. Er machte halt vor dem Schloß, und die Magd mußte ihm das Gewand des zweiten Riesen bringen. Dieses war rot. Er legte es an und war rot wie die aufgehende Sonne. Und er gürtete sich das Lichtschwert um. Dann bestieg er das rote Roß, das schneller war wie der Blitz, und zwischen Himmel und Erde dahinsausend machte er nicht eher halt, als bis er zum Meeresstrand kam, wo er wieder die Königssöhne und Ritter zittern sah. Die Königstochter aber saß allein auf dem Felsen.
Wieder ritt Sean Ruadh zum König und fragte:
„Ist am Meeresufer ein Markt oder ein großes Kampfspiel?"
Und wieder erhielt er die gleiche Antwort wie am Tag zuvor.
„Ist denn kein Held da sie zu retten?"
„Ritter und Königssöhne sind genug da", antwortete der König. „Alle versprechen, sie zu retten und alle behaupten, sie wären sehr tapfer, doch keiner wird zu seinem Wort stehen und dem Ungeheuer entgegentreten, wenn es sich aus dem Meer erhebt."
Ehe der König sich versah, war der Fremde verschwunden. In kurzer Zeit war der rote Reiter bei der Königstochter, die allein auf dem Felsen über dem Meer saß.
„Hast du denn keinen, der dich retten kann?" fragte der Reiter.
„Nein, niemanden."
„So erlaube, daß ich mein Haupt in deinen Schoß lege, bis das Ungeheuer kommt, dann wecke mich auf."
Er legte sein Haupt in ihren Schoß und fiel in tiefen Schlaf. Doch während er schlief, nahm die Königstochter die drei Haare aus ihrem Busen, verglich sie mit seinem Haar und sprach zu sich selber:
„Es ist derselbe Ritter, der gestern hier war."

Als der Seedrache über das Wasser heranbrauste, weckte die Königstochter den Fremden. Der sprang auf und eilte zum Ufer. Noch schneller wie am Tag vorher raste das Ungeheuer heran. Noch mehr Wasser warf es in die Höhe, und mit aufgerissenem Rachen kam es an Land. Wieder stellte sich Sean Ruadh in den Weg und schlug mit einem Schwertstreich das Ungeheuer in zwei Hälften. Doch die beiden Hälften schlossen sich wieder und waren eins wie zuvor. Das Untier wandte sich zum Meer und schrie: „Alle Helden auf Erden werden die Jungfrau morgen nicht vor mir retten."

Sean Ruadh schwang sich auf sein Pferd und ritt zurück ins Schloß. Fort war er und ließ die Königstochter in Verzweiflung zurück. Sie raufte sich ihr Haar und vergoß Ströme von Tränen über den Verlust des roten Ritters, des einzigen Mannes, der Mut genug besessen hatte, für sie zu kämpfen. Sean Ruadh aber zog im Schloß seine alten Kleider an und trieb die Kühe heim wie jeden Abend. Der König erzählte ihm:

„Ein fremder Ritter, ganz in Rot gekleidet, hat heute meine Tochter gerettet. Doch sie weint sich die Seele aus dem Leib, weil er fort ist. Aber noch ist meine Tochter nicht in Sicherheit, denn morgen wird der Meeresdrache wiederkommen."

„Fürchte dich nicht, denn morgen kommt sicher wieder ein anderer Ritter", antwortete Sean Ruadh.

Früh am nächsten Tag trieb Sean Ruadh die Herde auf das Land des dritten Riesen. Er machte halt vor dem Schloß und die Magd mußte ihm das Gewand des dritten Riesen bringen. Dies war weiß mit Gold und Silber. Er legte es an und war strahlend schön wie der lichte Tag. Er gürtete sich das Lichtschwert um und bestieg das weißsilberne Pferd, das schneller ist wie der Gedanke des Menschen. Als er fortreiten wollte, sprach die Magd zu ihm: „Heute wird das Untier so voller Wut sein, daß niemand es aufhalten kann. Wenn es sich aus dem Wasser heben wird, werden drei große Schwerter aus seinem Rachen kommen und diese vermögen die ganze Welt in Stücke zu hauen und zu vernichten, wenn sie ihm zur Schlacht entgegenträte. Nur einen Weg gibt es,

den Seedrachen zu überwinden. Nimm diesen roten Apfel, steck ihn in deinen Busen und wenn das Untier vom Meer gegen dich anstürmt, dann wirf ihm den Apfel in den offenen Rachen und du wirst sehen, der große Drache wird sich auflösen und auseinanderfließen und auf dem Strand sterben."
Sean Ruadh flog auf seinem weißsilbernen Roß zwischen Himmel und Erde dahin, dreimal so schnell wie am Tage zuvor. Wieder sah er die Jungfrau allein auf dem Felsen sitzen. Wieder sah er die zitternden Königssöhne und Ritter in der Ferne warten, um alles mitanzuschauen, was geschehen würde.
Sean Ruadh ritt wieder zum König und fragte:
„Ist am Meeresufer ein Markt oder ein großes Kampfspiel?"
Und wieder erhielt er die gleiche Antwort wie am Tage zuvor.
Ehe der König sich versah, war der Fremde verschwunden.
In kurzer Zeit war der weiße Ritter bei der Königstochter.
„Hast du denn keinen, der dich retten kann?"
„Nein, niemanden."
„So erlaube, daß ich mein Haupt in deinen Schoß lege bis das Ungeheuer kommt, dann wecke mich auf."
Er legte sein Haupt wieder in ihren Schoß und fiel in tiefen Schlaf. Doch während er schlief, verglich die Königstochter die drei Haare mit seinem Haar und sprach wieder:
„Es ist derselbe Ritter, der mich schon zweimal gerettet hat."
Als der Seedrache kam, weckte die Königstochter den Fremden. Der sprang auf die Füße und lief zum Meeresufer. Furchtbar war das Untier anzuschauen. Es war von ungeheurer Größe und hatte ein Maul so riesig, daß es die ganze Welt hätte verschlingen können und aus dem Maul kamen drei scharfe Schwerter hervor. Mit wildem Brüllen stürzte sich das Untier Sean Ruadh entgegen. Aber dieser schleuderte ihm den roten Apfel in den Rachen. Da fiel das Untier am Strande nieder, löste sich auf und floß auseinander. Sean Ruadh sprach zur Königstochter:
„Dieser Drache wird niemals mehr Unheil anrichten."
Die Königstochter lief zu ihm hin und wollte ihn festhalten. Aber er saß schon auf dem weißsilbernen Roß und war auf und davon

zwischen Himmel und Erde dahinreitend ehe sie ihn hindern konnte. Sie hatte jedoch einen seiner Stiefel aus purem Silber so fest umklammert, daß Sean Ruadh ihn in ihrer Hand zurücklassen mußte.

Als er an diesem Abend die Kühe heimtrieb, kam der König aus dem Schloß und Sean Ruadh fragte:

„Was gibt es Neues von dem Seedrachen?“

„Oh“, sprach der König, „ich habe nichts wie Glück seit du gekommen bist. Ein Ritter, schön wie der lichte Tag auf einem weißsilbernen Roß zwischen Himmel und Erde dahinreitend hat heute das Ungeheuer vernichtet. Meine Tochter ist für alle Zeiten vor ihm sicher. Doch sie ist in großer Trauer und weint bittere Tränen, weil ihr Retter verschwunden ist.“

Am Abend dieses Tages gab es ein Fest in dem Königsschloß wie es noch nie eins gegeben hatte. In den Hallen ergingen sich die vielen Königssöhne und Ritter und jeder von ihnen prahlte:

„Ich bin der, der die Königstochter errettet hat.“

Der König aber sandte nach dem alten blinden Weisen und fragte, was er tun sollte, um den Mann zu finden, der seine Tochter wirklich errettet habe. Da sprach der alte Weise:

„Laß Botschaft ergehen an alle Welt, daß der Mann, an dessen Fuß der silberne Stiefel paßt, der Held sei, der den Drachen vernichtet habe und daß du ihm deine Tochter zur Frau geben wolltest.“

Da ließ der König Botschaft und Kunde ausgehen durch alle Lande, jeder Mann solle kommen und den Stiefel zur Probe anlegen. Aber er war zu groß für die einen und zu klein für die andern.

Da sich nun keiner gefunden hatte, dem der Stiefel gepaßt hätte, sprach der alte blinde Weise:

„Nun haben alle versucht den Stiefel anzuziehen, nur der Kuhhirte nicht.“

„Ach, der ist ja immer mit den Kühen unterwegs“, sagte der König, „den brauchen wir nicht zu fragen.“

„Schicke trotzdem zwanzig Mann aus", sprach der alte Weise, „und laß den Kuhhirten holen."

Da sandte der König zwanzig Mann aus und die fanden den Hirten im Schatten einer Mauer schlafend. Da machten sie sich daran, ein Heuseil zu drehen um ihn zu binden. Aber er erwachte und hatte zwanzig Seile gedreht, bevor sie eines fertig hatten. Dann band er die zwanzig zu einem Bündel zusammen und hing das Bündel an der Mauer auf. Im Schloß warteten sie lange Zeit. Als die zwanzig mit dem Kuhhirten noch immer nicht kamen, da sandte der König schließlich zwanzig weitere aus, um zu sehen, warum es so lange dauere. Als sie den Kuhhirten gefunden hatten, begannen auch diese ein Heuseil zu drehen. Doch es erging ihnen wie den andern. Auch sie wurden in ein Bündel zusammengebunden und zu den andern zwanzig gehängt. Als nun weder die einen noch die andern heimkamen, sprach der alte blinde Weise zum König:

„Geh jetzt nur selbst. Werf dich vor dem Kuhhirten auf die Knie, denn er hat je zwanzig Mann in zwei Bündel aneinandergebunden."

Da ging der König auf die Weide und warf sich vor dem Kuhhirten nieder. Der hob ihn sogleich auf und fragte:

„Was soll das bedeuten?"

„Komm mit und lege den silbernen Stiefel an!"

„Wie kann ich mitgehen, wenn ich hier meine Arbeit zu tun habe?"

„Oh, das soll dich nicht hindern, du kommst bald genug zurück, um deine Arbeit fertigzumachen."

Sean Ruadh band die vierzig Mann los und ging mit dem König. Als er zum Schloß kam, sah er des Königs Tochter in ihrer Kammer im Turm am Fenster sitzen und der silberne Stiefel stand auf der Fensterbank vor ihr. Im selben Augenblick sprang der Stiefel durch die Luft und legte sich von selbst an seinen Fuß. Die Kö-

nigstochter aber lief die Treppe hinunter und umarmte und küßte ihn. Der ganze Platz aber stand voller Königssöhne und Ritter.
„Was wollen diese Männer hier?" fragte Sean Ruadh.
„Sie haben versucht, den Stiefel anzuziehen und hofften, daß er passe."
„Macht euch hinweg, ihr Feiglinge, ihr Prahler", rief Sean Ruadh, „damit mein Zorn nicht über euch komme."
Da stoben sie in alle Winde davon. Der König aber sandte Boten an alle Könige und Königinnen, auch an Diarmuid, den Sohn des obersten Herrschers des Lichts. Sie sollten zur Hochzeit seiner Tochter mit Sean Ruadh kommen.
Nach der Hochzeit ging Sean Ruadh mit seiner Frau in das Königreich der Riesen und lebte da und ließ seinen Schwiegervater König in seinem eigenen Land bleiben.

Märchen aus Irland, übersetzt und neu erzählt von Sigrid Früh
(Aus „Märchen von Drachen" von Sigrid Früh)

Der dreizehnte Sohn des Königs von Erinn – die Individuation des Mannes im Matriarchat

Die Tür ist zu, ein für allemal zu! Hinter dieser Tür lebt der Vater mit seinen zwölf Söhnen.

Die Zwölf ist eine vielversprechende Zahl. Aus den zwölf Söhnen Jakobs wuchsen die zwölf Stämme Israels heran, wurde ein von Gott auserwähltes Volk. Auf den zwölf Aposteln gründet die christliche Kirche. In der Gemeinschaft der Zwölf gilt der Wille des Vaters. Da fragen die Söhne noch durch die geschlossene Tür: „Was willst du von mir, Vater?“ Und erhalten zur Antwort: „Die Pflicht fordert … Du mußt gehen.“ Hinter dieser scheinbar unabwendbaren Schicksalsmacht *Pflicht* versteckt sich der Vater, wenn er seine Söhne durch die Karrierelaufbahn jagt, im Konkurrenzkampf verheizt oder auf den Schlachtfeldern opfert. Mit der Pflicht ist alles machbar, noch dazu, wenn die Söhne „flink und gewandt“ sind. Im Reich dieses Vaters gibt es keine Mutter. Wüßten wir nicht, daß auch Söhne von einer Mutter geboren werden, müßten wir annehmen, es habe sie nie gegeben.

Die Zahl Zwölf ist auch die Grundlage der Zeiteinteilung: Der Tag hat zwölf Stunden, das Jahr zwölf Monate. Sie orientiert sich am Lauf der Sonne, dem Gestirn des Tages, das alles ausleuchtet und keinen Raum läßt für Dunkles, Unergründliches. Laut tiefenpsychologischer Deutung ist die Sonne das Symbol für das männliche Ich-Bewußtsein; und männlicher Schöpfergeist hat ihren sengenden Strahlen noch Strahlen ganz besonderer, absolut tödlicher Art beigefügt. Das Sonnenjahr verdrängte das Mondjahr mit seinen dreizehn Monaten, wie die Sonnengötter Marduk, Re, Apoll und Mythras die Mondgöttin verdrängten. Seitdem ist die Nacht, die abends die Sonne in ihren dunklen Schoß aufnimmt und sie jeden Morgen wieder gebiert, ist die Schöpferin

des Lichts zur ängstigenden, bösen, zur zu bekämpfenden Finsternis geworden. Seitdem ist die Zahl Dreizehn eine Unglückszahl.
„Alle Geschöpfe der Erde, ob Tier oder Mensch, welche dreizehn Junge haben, sollten das dreizehnte wegstoßen", verkündet der alte blinde Weise. Es muß geopfert werden, damit „die anderen verschont" bleiben. Von was verschont? Von einer möglichen Wandlung. Von der Rückkehr der alten bzw. dem Anbruch einer neuen Ordnung. Im Kreis der Apostel war Jesus der Dreizehnte – und wurde geopfert und wird noch immer geopfert; denn er redete zuviel vom *Umkehren* und einem neuen Reich. Im Reich des Vaters von Dornröschen gab es dreizehn weise Frauen; aber die Dreizehnte hat der König nicht eingeladen, da er nur zwölf Teller hatte, runde Teller von der Farbe der Sonne. Die Dreizehnte führte dann trotzdem die gefürchtete Wende herbei.
Im Reich der Zwölf ist der Dreizehnte ein Unglücksrabe, zumal er aus der Art schlägt mit seiner Langsamkeit und nicht im Gleichschritt geht, sich nicht dem Tempo der anderen anpaßt und immer der Letzte ist. Da trifft es ihn, ausgeschlossen zu werden, und er steht draußen. Drinnen scheint sich nun nichts mehr zu tun. Das Märchen weiß von dem Vater und den zwölf Brüdern nichts weiter zu berichten. Auch bei der großen Abschlußfeier tauchen sie nicht auf. Sie sind nicht integrierbar.
Nach seinem Ausschluß bewegt sich der langsame Sohn, Sean Ruadh, nun fort mit Windeseile, auf einem Pferde, dessen Farbe *Schwarz* Tod bzw. Wandlung symbolisiert. Seine rasende Fahrt erinnert mich an den Sturz der Goldmarie in den Brunnen; und wie sie findet er sich wieder auf einer Lichtung. Daß sich etwas Neues anbahnt, auf das der Sohn zu warten scheint – „Er mußte nicht lange warten" –, zeigt sich in dem Erscheinen des „fremden" Königs. Verstehen wir den Märchenkönig ganz allgemein als Repräsentanten einer Ordnung, und war die Ordnung im Reich des Vater-Königs aufgebaut auf der Frage des Sohnes: „Was willst du von mir, was hast du mit mir vor, Vater?", also auf den Plänen des Vaters, die der Sohn zu befolgen hatte, auf Befehl

und Gehorsam, so scheint der fremde König diese Ordnung auf den Kopf zu stellen mit seinen Fragen an den Sohn: „Wer bist du, und wohin gehst du?“ Diese Fragen sind nicht zu beantworten für Sean Ruadh, der nicht gelernt hat, in sich hineinzuschauen und nach seinen eigenen Plänen zu fragen. Um eine Antwort zu finden auf diese Kernfragen, die am Anfang einer jeden Individuation, jeder Selbstfindung stehen, bleibt ihm nichts anderes zu tun, als sich von diesem ihm so fremden König, der die richtigen Fragen zu stellen weiß, in den Dienst nehmen zu lassen, für sieben Jahre. „Die *Sieben* entspricht der höchsten Stufe und wäre darum im Sinne der Initiation das Ersehnte und Gewünschte“ (C. G. Jung, *Grundwerk*, Bd. 5, S. 70). Jakob, der schon erwähnte Vater der zwölf Stämme Israels, investierte zweimal sieben Jahre, um Rahel zu bekommen. Alle sieben Jahre häutet sich die Schlange. Und die riesige Seeschlange verschlingt alle sieben Jahre eine Königstochter. Aber vorerst hütet Sean Ruadh die Kühe.
Ich denke, es ist an der Zeit, die Frage zu stellen, warum ich mich ausgerechnet mit der Individuation eines Königssohnes befasse. Haben wir noch nicht genug von den Entwicklungsprozessen der Söhne, die dann mit umgekehrtem Vorzeichen angeblich auch für die Töchter gelten: Schreitet er mannhaft zur Tat, so übt sie sich im Warten; ist er der Erlöser, so ist sie die zu Erlösende usw. Bei diesem Märchen machten mich drei Farben stutzig, die Farben der dreifaltigen Göttin, in denen Sean Ruadh nacheinander auftritt: „Schwarz wie die Nacht … rot wie die aufgehende Sonne … weiß … und strahlend schön wie der lichte Tag.“ Also wird er ihr begegnet sein. Dieser Spur mußte ich nachgehen.
Schon der Umstand, daß er die Kühe hütet, deutet an, daß er eigentlich in *ihren* Diensten steht, denn die Kuh ist das Tier der Göttin. Im Tempel der Hera, die Homer als *kuhäugig* bezeichnet, wurden heilige Herden von Kühen gehalten, ja, die Göttin selbst wurde in Gestalt einer Kuh angebetet, wie zum Beispiel Hathor, Neith und Isis in Ägypten (Buffie Johnson, *Die Große Mutter in ihren Tieren*, S. 286 ff.). Nachdem also dieser Sohn aus dem Vaterhaus mit den typischen Kennzeichen des Patriarchats – regie-

render Wille des Vaters, unsichtbare Mutter, Schwestern, Töchter, unumstößliche Ordnung, brutales Ausmerzen alles *anderen* – ausgezogen, besser gesagt, ausgestoßen und in seiner eigenen Tiefe bei den Kernfragen gelandet war, begegnet er dem Weiblichen, symbolisiert durch die Kühe.

Es scheint so, als leiten sie ihn und nicht er sie; denn schon steht er wieder vor einer Mauer, diesmal von innen. Es ist seine eigene Begrenzung, die ihm den Weg versperrt. Auf der Ebene, auf der er sich jetzt bewegt, erreichen ihn keine fremden Willen mehr, aber die Spuren der patriarchalen Erziehung sind auch hier noch anzutreffen. Soll der Weg frei werden zu neuen Möglichkeiten, zur weiteren Entwicklung der Persönlichkeit, muß der Kuhhirte diese Scheinsicherheiten aus Grundsätzen und Verhaltensregeln – das verinnerlichte Über-Ich nennen es die Psychologen –, alles, was er selbst wie eine Mauer zum Schutz gegen seine eigene Freiheit und Verantwortung aufgetürmt hat, umstoßen. Nun muß sich zeigen, ob er wirklich „der beste und größte Held von allen" ist. Nun beginnt der eigentliche, wesentliche Teil seiner Ablösung. Hatte er bislang immer nur reagiert auf das, was ihm geschah, so muß er jetzt in eigener Regie handeln und selbst eine Veränderung herbeiführen. Er stößt „ein Stück der Umfassungsmauer um", und so nach und nach wird sie ganz abbröckeln. Und siehe da, „das Gras war sehr hoch und dreimal so gut wie auf den besten Weiden des Königs".

Aber noch ist ihm keine Ruhe vergönnt. Grenzen werden nicht ungestraft mißachtet. Das schlechte Gewissen tritt auf den Plan, bläht sich auf zu einem gewaltigen Riesen und bläst ihm die gesamten christlichen Tugenden ins Gesicht, allen voran die christliche Rücksichtnahme. Der Kuhhirte ist zur Auseinandersetzung bereit. Für die neuen Lebensmöglichkeiten, von denen er eine Ahnung bekommt, will er kämpfen – auf den grauen Steinen. Die grauen Steine sind Zeugen einer uralten Vergangenheit. Überall auf der Erde sind sie zu finden, als Menhire, als Hünengräber, als Steinkreise, als Dolmen und zeugen von der matriarchalen Kultur mit der Göttin als Zentrum und dem Leben als höchstem

Wert. An ihnen muß der Riese sich messen lassen und schrumpft zusehends zusammen, bis das Lichtschwert – das Symbol für Unterscheidung und Trennung der Geister – ihm endgültig den Garaus macht. Diese Auseinandersetzung ist so entscheidend, der Druck von außen, der gesellschaftliche Sog so stark, daß das Märchen diesen Vorgang gleich dreimal wiederholt. Und in der Tat zieht er sich über einen langen Zeitraum hin und kostet viel Kraft; aber nach jedem geglückten Kampf geben die Kühe noch reichlicher Milch und warten auf den Kuhhirten noch größere Schätze.

Da ich versuche, dem Märchen seine matriarchale Weisheit zu entlocken, erlebe ich es in seiner jetzigen Fassung als nicht stimmig. Auch Märchen – wie alles, was uns überliefert wurde – sind vom patriarchalen Verständnis infiziert und vom patriarchalen Anpassungsdruck entstellt. Wir müssen sie jetzt sozusagen gegen den Strich, seitenverkehrt, zwischen den Zeilen lesen. So ergibt es für mich nur einen Sinn, wenn die einzureißende Mauer nicht das Schloß umgibt, sondern, wie schon gesagt, den Kuhhirten. Auch sind die Riesen niemals die Besitzer der drei Schlösser, sondern nur, wie ebenfalls erwähnt, die aufgeblähten Tugendwächter, und die Mägde befanden sich mitnichten in ihrer Gewalt; denn *sie* sind die Eigentümerinnen der Schlösser und die Göttin in einem jeweils anderen Aspekt, dem schwarzen, dem roten und dem weißen.

Ich denke, dieses Märchen gibt uns Einblick in die Initiation des Mannes durch die Göttin, in seine Einführung in den weiblichen Zyklus und seine Einbindung in die weibliche Ordnung – was für patriarchale Ohren absolut abartig klingen mag; denn haben doch seit Männergedenken immer nur mehr oder minder alte Männer ihr Wissen weitergegeben an die Söhne. Und waren auch statt „reichlicher Milch“ und „sehr hohem Gras“ *strahlende* Molke und *strahlende* Weiden das Resultat, so bleibt doch nichtsdestotrotz die Dominanz männlichen Bewußtseins unhinterfragt, bleibt weibliche Weisheit entbehrlich und der Mann das Maß aller Dinge, wie auf Erden, so auch im Himmel, wird mannhaft die

Existenz der Göttin und ihrer Kulturen geleugnet und haben nicht einmal die Töchter eine Ahnung von der Großen Mutter.
War im Märchen die letzte Tat des Vaters, vor dem Sohn die Tür zu verschließen, so ist es die erste der Göttin, sie zu öffnen, eine nach der anderen, immer mehr Räume zu erschließen, Raum zu geben, Leben zu ermöglichen. Bei jeder Begegnung spielt sich eine kleine Schlüsselzeremonie ab, ein Wandern der Schlüssel von ihr zu ihm und zurück, die wohl so zu erklären ist, daß sich der patriarchale Schreiber schwertat zu begreifen, daß die Frau die Herrin des jeweiligen Schlosses ist und bleibt. Er kann sie sich nur als so eine Art Beschließerin vorstellen, als Hausmamsell mit einem dicken Schlüsselbund an der Schürze. Aber im Endeffekt muß er gestehen, daß immer sie es ist, die im Besitz der Schlüssel ist. Wie doch der Lauf der Weltgeschichte von der Schlüsselfrage abhängt, davon wer/welche die Schlüssel hat und sie zu welchem Zweck verwendet, zum Öffnen oder zum Verschließen! Was zum Beispiel wäre, wenn die Schlüssel des Himmelreiches nicht in den Händen von Petrus und seiner Nachfolger gelandet wären?
Im Reich des Vaters wurde dem Sohn seine Langsamkeit zum Verhängnis. Im Reich der Göttin kommt noch ein ausgeprägtes Schlafbedürfnis hinzu, was ihn in der Symbolsprache kennzeichnet als einen, der sein Tagesbewußtsein ausschaltet, um offen zu sein für die Prozesse in seinem Unbewußten, das als schöpferischer Ursprung weiblich ist.
Als erste begegnet ihm die schwarze Göttin, die Todesgöttin, die alles Lebenssatte, Müde, Kranke wieder aufnimmt in ihren Schoß, die Schlaf, Ausruhen, Vergessen und ein Ende schenkt. Bei ihr lernt er, die Nacht zu lieben, in der die Pflanzen wachsen, die Blumen ihren Duft verströmen, die scharfen Konturen sich auflösen und jedes Ding sein Geheimnis preisgibt im weichen Licht des Mondes, in der die Stille voller Stimmen ist und alles auf die Wiedergeburt wartet. Er lernt, sich anzuvertrauen, sich einzulassen und Wandlung geschehen zu lassen. Die rote Göttin lehrt ihn, im Hier und Jetzt zu leben, die Fülle zu genießen. Sie

überschüttet ihn mit dem prallen Leben, mit Nähe und Wärme. Und er erfährt, was Da-Sein bedeutet. Die weiße Göttin ist die Kühle der Distanz und Abgrenzung, ist ungebundene Kraft, die Neugier auf das Wagnis, ist Inspiration und Aufbruch – und zugleich auch die schwarze und die rote Göttin. Und jede ist nur im Zusammenhang mit den anderen beiden zu begreifen, wie auch jedes Ding nicht begriffen werden kann, wenn es analysiert und in Einzelteile zerlegt wird, sondern nur in seinem Zusammenhang zu verstehen ist, so der Tod im Zusammenhang mit dem Leben und umgekehrt.

Inzwischen sind die sieben Jahre um, und alle zittern vor der Begegnung der Königstochter mit der Seeschlange, alle, nur sie selbst nicht. Mutterseelenallein sitzt sie auf einem Felsen über dem Meer. Keiner traut sich aus Angst vor dem Ungeheuer in ihre Nähe, obwohl bekannt ist, daß dieses niemand anderen als die Königstochter verschlingen wird. Anstatt nun mit bebendem Herzen dem Auftauchen des Drachen entgegenzubangen, bricht die Todeskandidatin in Frohlocken aus beim Anblick eines schönen jungen Mannes – ein äußerst seltsames Verhalten für ein junges Mädchen, dessen letztes Stündlein geschlagen hat. Die wüsten Drohungen der Seeschlange scheinen sie nicht zu erschüttern. Verzweiflung überfällt sie allerdings, „sie rauft sich ihr Haar und vergießt Ströme von Tränen“, als der Ritter entschwindet. Soviel Todesverachtung ist schwer vorstellbar. Da ist es schon wahrscheinlicher anzunehmen, daß sie vom Drachen nichts zu befürchten hat und wir wieder einen patriarchalen Trick zu entlarven haben. Versuchen wir es.

Der Tag der ersten Menstruation ist für jede Frau ein Einschnitt in ihrem Leben. Ab dann ist sie eine Gewandelte. Es ist nichts mehr, wie es zuvor war. Sie hat jetzt teil am Mysterium, ist eine Eingeweihte, eingereiht in die Kette derer, die das Leben weitergeben. Zur Zeit der Göttin war dieses Ereignis noch nicht mit Tabus, Heimlichkeiten und Peinlichkeiten belegt, für das eine Frau fast meint, sich schämen zu müssen. Es zeichnete sie aus, *sie saß hoch über dem Meer*, verschaffte ihr eine ehrfurchtgebietende

Distanz, *niemand traute sich in ihre Nähe*. Es trieb sie, sich zurückzuziehen, *allein auf dem Felsen zu sein, statt auf dem Markt mit der Menge zu feiern*. Ein angemessenes Symbol für die Stärke, die ihr als Tochter der Göttin zuwächst, ist der Drache. Sie sehnt ihn herbei und muß sieben Jahre, die symbolische Zeit für Reifung, auf ihn warten.

Für den Mann sieht alles ganz anders aus. Er erlebt sich als einer, der ausgeschlossen ist vom Geheimnis der Frauen. Ihre Stärke läßt ihn sich schwach fühlen. Der Drache ist für ihn ein Alptraum. Sein eigenes Unvermögen, sein Neid und seine Angst lassen ihn zu einem erschreckenden Ungetüm anschwellen. Und je feindseliger er dieses Ungetüm anblickt, um so drohender begegnet ihm dieses. „Der hier geschilderte Vorgang weist alle charakteristischen Züge einer psychologischen Kompensation auf. Die Maske des Unbewußten ist bekanntlich nicht starr, sondern spiegelt jenes Gesicht, das man ihm zeigt. Feindseligkeit gibt ihm drohende Gestalt, Entgegenkommen mildert seine Züge. Dabei handelt es sich nicht um eine bloße optische Spiegelung, sondern um eine autonome Antwort, welche das eigenständige Wesen des Antwortenden erkennen läßt“ (C. G. Jung, *Grundwerk,* Bd. 5, S. 30).

Seine Angst übertönt der Held mit Prahlsucht. In seiner Vorstellung führt er schreckliche Drachenkämpfe aus, bei denen immer er der Sieger ist; und je erbärmlicher er sich fühlt gegenüber der Souveränität der Frauen, um so mehr prahlt er, ihr Retter zu sein. Auch der Kuhhirte verfällt noch diesem Mechanismus, obwohl er inzwischen in die Schule der Göttin gegangen ist. Sein geändertes Bewußtsein hat die Bewährungsprobe noch zu bestehen, und prompt erlebt er eine Niederlage. „Diese Jungfrau gehört mir“, spielt er sich auf; doch sein großartiger Schwertstreich, mit dem er dem Drachen den Kopf abschlägt, wird ein Schlag ins Wasser: Ehe er sich's versieht, sitzt der Kopf wieder fest. Und je größer seine Angst ist, um so mehr brüllt der Drache.

Die zweite Begegnung verläuft ähnlich kläglich wie die erste. Zwar schlägt er „mit einem Schwertstreich das Ungeheuer in

Abb. 22: Eva.
Kathedrale von Reims.
Um 1400.

zwei Hälften", was an den Kampf des babylonischen Marduk gegen seine Mutter Tiamat erinnert, die dieser ebenfalls spaltet und sie damit endgültig besiegt. Doch diesem Sohn gelingt das nicht. „Die beiden Hälften schlossen sich wieder und waren eins wie zuvor". Der Drache (das Matriarchat) ist unbesiegbar und läßt die Kampfgebärden des Ritters ins Leere laufen. Begreift dieser immer noch nichts? Obwohl er doch vor jeder Begegnung seinen Kopf in den Schoß der Jungfrau legt und schläft? Der Schoß ist das Symbol für Wandlung, und der Schlaf bedeutet Öffnung für die Zeichen des Unbewußten, des Weiblichen.

Warum also tut sich der dreizehnte Königssohn so schwer, um anderes Verhalten zu lernen? Vergessen wir nicht, er kommt aus dem Patriarchat, und dieses hat das patriarchale Bewußtsein für die höchste Entwicklungsstufe erklärt, für *der Weisheit letzter Schluß*, das *Nonplusultra*. Und trotz der so offensichtlichen, so verheerenden *Produkte* dieses männlichen Bewußtseins werden die Tiefenpsychologen nicht müde, die Ablösung des männlichen Geistes aus dem, wie sie es nennen, *Chaos* des weiblichen Unbewußten als notwendige Entwicklungsstufe zu verherrlichen und seinen Siegeszug durch die Geschichte und über die Erde und durch den Weltenraum als höchste Stufe menschlicher – oder männlicher, das weiß frau immer nicht so genau – Evolution zu preisen. Als Zugeständnis an die nicht zu verheimlichenden Verwüstungen im Gefolge dieses Siegeszuges wird die Integration von etwas mehr Weiblichkeit vorgeschlagen – aber selbst diese noch nicht einmal praktiziert. Jenseits aller männlichen Denkmöglichkeiten liegt die Vorstellung, daß aus weiblichem Unbewußten sich ein weibliches Bewußtsein entwickeln könnte. Folglich muß die Tatsache ignoriert werden, daß dieses weibliche Bewußtsein über lange Zeiträume auf der ganzen Erde Kulturen geschaffen hat, Matriarchate, von hohem geistigen und religiösen, ökonomischen und sozialen Rang, in die die Männer integriert waren.

Im Märchen hilft die weiße Göttin männlichem Unverständnis nach. Sie schlägt ihrem Hirten vor, dem Drachen anstelle mit

dem Schwert als Vernichtungswaffe mit dem roten Apfel als Liebesangebot entgegenzutreten. Sobald er aufhört, den Drachen als seinen zu besiegenden Gegner zu sehen, wird dieser seine Schrecken für ihn verlieren und seine Gefährlichkeit „wird sich auflösen und auseinanderfließen“. Der Apfel ist im matriarchalen Ritus die Einladung zur heiligen Hochzeit. In diesem Märchen tritt kein Gott-Vater auf den Plan, der diesen Ritus bei Todesstrafe verbietet.
Es gibt Momente im Leben, da ist es, als fallen Schuppen von den Augen. Als der Hirte von der Göttin den Apfel gereicht bekommt, mag das solch ein Moment für ihn gewesen sein. In dem gleichen Maße, wie er in dem Drachen nicht mehr das Untier sieht und dessen Bedrohung sich auflöst, in dem gleichen Maße wird er zum „besten und größten Held von allen“, zeigt sich, „wie stark Sean Ruadh war“, was als Ahnung schon immer in ihm lag. Er war ja der Dreizehnte, der Neue, der die alte Ordnung verläßt. In der neuen Ordnung hat *Held* und *stark* nichts mit Prahlen und Waffengeklirr zu tun, sondern zeugt von einer geglückten Selbstfindung, die auch für den Mann nur in der alles erschaffenden und alles umfassenden weiblichen Ordnung gelingen kann. Auch für Sean Ruadh sind die sieben Jahre um. Er ist zu einem Partner der Jungfrau herangereift.
Diese hatte ihn gleich als solchen erkannt. Schon bei der ersten Begegnung entwendete sie ihm drei Haare. Die Haare sind Ausdruck der Identität des Menschen. Krankhafter Haarausfall deutet auf Identitätsschwierigkeiten hin. Der biblische Simson verlor mit seinen Haaren seine Kraft. Häftlingen wurde der Kopf geschoren und ihnen mit den Haaren ihre letzte Würde genommen. Während des Golfkrieges zeigte das Fernsehen, wie US-Soldaten bei ihrem Eintritt in die Armee kahlgeschoren wurden. Obwohl nichts weiter als ein Friseur bei der Ausübung seines Handwerkes zu sehen war, war die Szene für mich von einer unheimlichen Brutalität. Haare sind Ausdruck der Persönlichkeit. Die des ersten Ritters sind golden. Als die Jungfrau die entwendeten Haare mit denen des zweiten und dritten Ritters vergleicht, er-

kennt sie, daß er in seinen Wandlungen vom schwarzen zum roten und zum weißen Ritter immer derselbe ist.
Wir möchten jetzt gleich zur prunkvollen Hochzeit übergehen. Aber die Wege der Individuation verlaufen nicht gradlinig, sondern nach weiblichem Muster zyklisch. In Spiralen arbeiten sie sich an die Mitte heran. So landet Sean Ruadh vorerst wieder bei seinen Kühen und wartet auf seine Erwählung. Denn er ist nicht der Sieger, der sich mit einer gönnerhaften Geste die von ihm befreite und ewig dankbare Jungfrau zur Frau nimmt. Wie wir gesehen haben, gab es in diesem Märchen für ihn nichts zu besiegen und zu befreien – es sei denn seine eigene Psyche von seiner Großmannssucht –, nur etwas zu lernen. Und er hat seine Lektion gelernt – und wartet; denn in der matriarchalen Ordnung erwählt die Frau den Mann.
Die Königstochter sitzt nun nicht mehr auf einem Felsen, sondern wie Rapunzel hoch oben im Turm, ebenfalls Zeichen für ihre sowohl Abgrenzung als auch Hervorhebung aufgrund ihrer besonderen Lebenssituation. Aber sie hat ihr Fenster weit geöffnet und den silbernen Stiefel vor sich auf der Fensterbank stehen. Während in dem Märchen *Aschenputtel* der Königssohn mit dem goldenen Pantoffel in der Hand sich seine Braut erwählt, es ihr Pantoffel ist, den sie auf der Flucht vor ihm verloren hat, so hat diese Königstochter dem Mann auf seiner Flucht seinen silbernen Stiefel entwendet und wird ihn mit Hilfe dieses Stiefels erwählen. Wieder eine komplette Seitenverkehrung.
Zuvor läuft noch einmal ein ganzes Szenarium an männlichen Verhaltensweisen ab. Da sind die Prahlhänse und Möchtegerne, die ewigen Zuschauer. Daß es „Hunderte und aber Hunderte“ sind, deutet auf ihre massenhafte Verbreitung hin. Im Märchen lassen sie sich „in alle Winde“ davonjagen. Da sind die zwei mal zwanzig Männer, die mit Gewalt zum Ziele kommen wollen und ihre Stärke in ihrer Quantität vermuten. Sie müssen erleben, wie sie von einem einzigen gebündelt aufgehängt werden. Und da ist vor allem der fremde König, der zu Beginn zwar die Schicksalsfragen stellt – „Wer bist du, und wohin gehst du?“, der auch stän-

dig *am Ball* bleibt und an jedem schicksalhaften Tag sowohl den Ritter als auch den Hirten trifft; der den Rat eines alten und blinden Mannes einholt, obwohl Alter und Blindheit gewiß keine Qualitäten nach patriarchalem Verständnis sind; den aber wiederum die Zerlumptheit Sean Ruadhs daran hindert zu sehen, wie *stark* er ist. Obwohl er begreift, daß er „nichts wie Glück“ hat, seitdem er da ist, fragt er lieber die ganze Welt, bevor er den Kuhhirten fragt; er ist nicht eindeutig, schwankt zwischen zwei Positionen, bezieht nicht Stellung, ist nicht authentisch. Er bringt sich nicht wirklich selbst ein, sondern verschanzt sich hinter seinem Königsamt und läßt andere für sich *machen*. Er schickt zweimal zwanzig Mann vor, statt selbst zu gehen. Nach echt patriarchalem Vaterverständnis meint er, über seine Tochter verfügen zu können – „Laß Botschaft ergehen an alle Welt ... daß du ihm deine Tochter zur Frau geben wolltest.“ Und er schickt diese Botschaft in alle Welt, als wenn diese Jungfrau, die seelenruhig dasaß, während rundum alle zitterten, der König eingeschlossen, sich von wem auch immer wie ein Paket *geben* lassen würde! Als er sich schließlich vor dem Kuhhirten klein macht, da hat auch er seine falsche Größe abgebaut. Er spricht nur noch im Auftrag seiner Tochter, als er bittet: „Komm mit und lege den silbernen Stiefel an!“

Und dann erledigt die Jungfrau alles selbst: Als Sean Ruadh erscheint, der in der Zwischenzeit mal wieder geschlafen, also aufs *Machen* verzichtet hat und die Dinge reifen ließ, da springt der Stiefel durch die Luft und sie die Treppe herunter, um Sean Ruadh vor aller Welt zu umarmen und zu küssen und ihn dadurch als den von ihr erwählten Gemahl vorzustellen. Er folgt ihr in das Reich der Göttin, der schwarzen, der roten und der weißen – ein langer Weg und ein glückliches Ende, aber leider, leider ein Märchen. Die beiden sind gestorben und leben heute nicht mehr.

Literaturnachweis

Briggs, John u. Peat, F. David: *Die Entdeckung des Chaos – eine Reise durch die Chaos-Theorie*, Carl Hanser Verlag, München 1990

Drewermann, Eugen: *Tiefenpsychologie und Exegese*, Band I, Walter-Verlag, Olten 1984

Früh, Sigrid: *Märchen von Drachen*, Fischer Taschenbuch Verlag, Frankfurt a. M. 1988

Johnson, Buffie: *Die Große Mutter in ihren Tieren*, Walter-Verlag, Olten 1990

Jung, C. G.: *Grundwerk*, Band 5, Walter-Verlag, Olten 1985

König, Marie E. P.: in *Weib und Macht*, Fischer Taschenbuch Verlag, Frankfurt a. M. 1980

McMann, Jean: *Rätsel der Steinzeit*, Weltbild Verlag, Augsburg 1990

Neumann, Erich: *Zur Psychologie des Weiblichen*, Fischer Taschenbuch Verlag, Frankfurt a. M. 1983

Neumann, Erich: *Kulturentwicklung und Religion*, Fischer Taschenbuch Verlag, Frankfurt a. M. 1978

Neumann, Erich: *Amor und Psyche*, Walter-Verlag, Olten 1983

Pagels, Elaine: *The Gnostic Gospels*, Random House, New York 1979, übersetzt in *Die Große Mutter...* v. B. Johnson, S. 204

Ranke-Graves, v. Robert: *Griechische Mythologie*, rororo 1990

Ranke-Graves, v. Robert u. Patai, R.: *Hebräische Mythologie*, rororo 1986

Riedel, Ingrid: *Die weise Frau in uralt-neuen Erfahrungen*, Walter-Verlag, Olten 1990

Sjöö, Monica u. Mor, Barbara: *Wiederkehr der Göttin. Die Religion der großen kosmischen Mutter und ihre Vertreibung durch den Vatergott.* Labyrinth Verlag Gisela Ottmer, Braunschweig 1985

Steffen, Uwe: *Drachenkampf – Der Mythos vom Bösen*, Kreuz-Verlag, Stuttgart 1984

Weiler, Gerda: *Ich verwerfe im Lande die Kriege. Das verborgene Matriarchat im Alten Testament*, Frauenoffensive, München 1984

Bildernachweis

Die Abbildungen stammen aus folgenden Büchern:

Die Große Mutter in ihren Tieren – Göttinnen alter Kulturen von Buffie Johnson, Walter-Verlag, Olten und Freiburg

Abb. 1, 2, 3, 4, 5, 6, 7, 8, 9, 19, 20

Drachenkampf – Der Mythos vom Bösen von Uwe Steffen, Kreuz-Verlag, Stuttgart

Abb. 10, 11, Umschlagbild

Weib und Macht – Fünf Millionen Jahre Urgeschichte der Frau von R. Fester, M. E. P. König, D. F. Jonas, A. D. Jonas, Fischer Taschenbuch

Abb. 13, 14

Rätsel der Steinzeit – Zauberzeichen und Symbole von Jean McMann, Weltbild Verlag, Augsburg

Abb. 15, 16

Märchen von Drachen, hrsg. von Sigrid Früh, Fischer Taschenbuch

Abb. 17

Ein eigener Mensch werden – Frauen um Jesus von E. Moltmann-Wendel, GTB Siebenstern

Abb. 18

Das Land, wo Milch und Honig fließt von E. Moltmann-Wendel, GTB Siebenstern

Abb. 22

Abb. 12: Heiligenbild
Abb. 21: Postkarte

Lucie Stapenhorst

Entschuldige Paulus, jetzt rede ich!

Frauenprotest gegen die Männerkirche
153 Seiten mit 4 Abbildungen
2. Auflage 1991. Broschur

„Engagiert, zornig und traurig beschreibt die Autorin, daß und wie sie als Frau in der katholischen Kirche nie als Schwester akzeptiert wurde – denn Gott ist männlich und das Männliche Gott. Die frauendiskriminierende und exkommunizierende Normativität des männlichen Gottesbildes ist der rote Faden dieses Buches, das Protest und feministische Alternativen gegen die Gottes- und geschichtsbeherrschende Männerkirche in verschiedenen thematischen Schwerpunkten zum Ausdruck bringt..."

Publik-Forum, Oberursel

Walter-Verlag Olten und Freiburg im Breisgau

Mach Dein Leben leichter

In 23 Tagen inneren und äußeren Ballast abwerfen

Andrea Drexl

ISBN: 9781521814925
Im Selbstverlag veröffentlicht.

INHALT

Für Daniela

VORWORT

Willkommen und herzlichen Glückwunsch zum Kauf dieses Buchs!

Auf das Bestellen-Knöpfchen zu drücken war der erste große Schritt und Du hast ihn gemeistert.
Ich bin verdammt stolz auf Dich!

Du willst Dein Leben leichter machen?
Du willst mehr Zeit für die wirklich wichtigen Dinge frei machen?

Das ist großartig!

Gebrauchsanleitung - eine Empfehlung!

Ich empfehle Dir, das Buch einmal ganz durchzulesen, bevor Du mit dem Entrümpeln loslegst.

„Mach Dein Leben leichter" ist in einzelne, in sich geschlossene Kapitel unterteilt.

Die vier großen Bereiche Küche, Wohnzimmer, Kleiderschrank und Keller verteilen sich jeweils auf zwei Tage.
Jedes Kapitel enthält wiederum kleine Unteraufgaben oder action steps, die Du über

den Tag verteilt erledigen kannst.
Bearbeite die Kapitel der Reihe nach oder je nach Wichtigkeit.

Dinge, die ich selbst eher unwichtig finde, können für Dich eine hohe Priorität haben und umgekehrt.

Leg nicht zu lange Pausen zwischen den einzelnen Kapiteln ein. Die führen oft zu Frustration oder zum Aufgeben, weil Du nicht schnell genug Fortschritte siehst.

Wenn du allerdings mehr Zeit brauchst, damit sich Dein Kopf an die Veränderungen gewöhnen kann, kein Problem! Geh in Deinem eigenen Tempo vor. Die Hauptsache ist, dass sich das Entrümpeln gut für DICH anfühlt!

Nutze dieses Buch so, wie es für Dich passt. Im Anhang findest Du eine Checkliste, auf der Du die einzelnen Tage abhaken kannst. So behältst Du den Überblick und siehst Deinen Fortschritt!

TAG 1 - VORBEREITUNG

Ist leichter unnormal?

Bis vor 2 Jahren lebte ich ein ganz normales Leben, zumindest dachte ich das:
Eine 3-Zimmer-Wohnung in einem beschaulichen Stadtteil in München, ein Auto, eine unbefristete Festanstellung, dazu eine Beziehung und einen kleinen Hund.

Ich hatte alles und doch war ich einer der unglücklichsten Menschen der Welt.

An 9 von 10 Tagen wollte ich nicht aufstehen. An manchen Tagen ging ich nicht zur Arbeit, weil die Herausforderung, mich anzuziehen und aus der Türe zu treten zu groß war.

Ich merkte, dass mein „Pferd“ im Galopp gestorben war. Und weil ich nicht wollte, dass es mich unter sich begräbt, stieg ich ab.
20kg schwerer als noch vor einem Jahr und mit Depressionen diagnostiziert, ließ ich mich für zwei Monate stationär in eine Klinik aufnehmen.

Im Dezember 2014 machte ich mich mit Unterstützung einer Therapeutin auf den Weg zu meinem eigenen Leben.

Ich hatte ein genaues Ziel vor Augen: Ich wollte unter selbst ausgesuchten Bedingungen leben; ganz genau so wie ich es mir vorstellte.

Ganz gezielt krempelte ich nacheinander alle Bereiche meines Lebens um.

Ich fing bei meinem Bücherregal und Kleiderschrank an, arbeitete mich zum Laufwerk meines Computers vor, bis hin zu meinem Job und meinem Gewicht.

Rigoros habe ich mich von allem getrennt, was für mich überflüssig war und nur noch das in mein(em) Leben gelassen, was sich für mich richtig anfühlt.

In einer Woche meines neuen Lebens passierte mehr als früher in einem ganzen Monat.

Heute leben wir in einer 1-Zimmer-Wohnung mit 34 Quadratmetern.
Ich besitze 50 Bücher, 3CDs und verdiene mein Geld zu 100% im Internet.

Das ermöglicht mir, dass ich reise. Während ich diese Zeilen tippe, sitze ich in einem Häuschen in England.

Danach fahre ich weiter nach Österreich,

dann nach Berlin, dann ins Fichtelgebirge und anschließend in die Niederlande.
Alles, was ich brauche, passt in meinen Rucksack.

Ich arbeite von meinem Esstisch aus mit den Menschen, mit denen ich zusammenarbeiten will, an Projekten, die mir Spaß machen (wie dieses Buch hier!).

Ich teile mir meine Woche frei ein, nehme mir viel Zeit für meine Familie und habe bereits 16kg abgenommen.

Will ich Dich etwa nur neidisch machen?

Wenn Du Dir jetzt denkst: „Erzählt die mir das alles um mich neidisch zu machen?", dann liegst Du genau richtig!
Denn ja, natürlich will ich Dich neidisch machen!

Aber nicht, damit Du resignierend den Kopf in den Sand stöpselst und Krokodilstränen vergießt.
Nicht, damit Du Dich beklagst, wie gut ich es und wie viel Glück ich doch habe und wie schlecht es Dir geht und weshalb Du nichts ändern kannst.

Ich will, dass Du Dir sagst: „Na wenn DIE das kann, kann ICH das doch schon lange!"

Ich will, dass Du den Kopf hochnimmst, die Brust raus und mir Deinen Kampfgeist zeigst! Denn ich bin nicht privilegiert, ich bin nicht zufällig erfolgreich geworden.
Ich bin auch nicht gestolpert und habe dabei aus Versehen 80% meines Besitzes aus dem Fenster geworfen.

Ich bin jeden Schritt des Weges gegangen, weil ich das so wollte. Und wenn das für Dich gut klingt, dann lade ich Dich ein, mit mir zu gehen.

Ein Hinweis für Dich:
Wenn Dir meine Veränderungen zu radikal sind, keine Sorge.
Mir geht es nicht darum, dass Du mein Leben kopierst.

Ich will, dass Du damit beginnst, Dein eigenes Leben zu leben. Zu Deinen eigenen Bedingungen.

Ich möchte, dass Du gerne Du selbst bist und gerne jeden Tag aufstehst. Ich möchte, dass Du Dich gerne im Spiegel ansiehst und Dir ein zufriedener Mensch daraus entgegenblickt. Welche Komponenten es auch immer sind, die das bei Dir bewirken, wir finden sie.

Ob Du den Weg mit 50 oder 500 Büchern, 50 oder 150kg gehst, ist ganz allein Deine

Entscheidung!

Das wichtigste ist, dass Du glücklich bist und Dich wohl fühlst in Deinem Leben.
Mit diesem Buch möchte ich Dich inspirieren, einiges in Frage zu stellen:

- Besitztümer, denen Du Platz in Deinem Leben gibst
- Entscheidungen, die Du getroffen hast
- Gewohnheiten, an denen Du festhältst
- Dinge, die schon immer so gelaufen sind, wie sie eben laufen
- und das, was „man“ eben „so“ macht

> **Wir sind keine Opfer der Umstände, wir erträumen uns und wählen ständig das Leben, das wir leben.**
> **-Janne Robinson**

Du bist kein Zufallsprodukt der Umstände, in die Du hineingeboren wurdest.
Du hast die Wahl. Du hast jeden Tag die Wahl.
Ich weiß, das klingt erstmal hart. Vor allem, wenn es da etwas in Deinem Leben gibt, das Dir nicht passt.
Wenn Du vielleicht dazu neigst, Dich zu beklagen.

Aber etwas Gutes hat es doch!
Gerade weil Du selbst entscheidest, was in

Deinem Leben passiert, was Platz hat und was nicht, kannst Du ändern, was nicht passt. Du selbst lässt die Puzzleteile zu, die das Bild ergeben, das Du sehen willst.

Auf den folgenden Seiten findest Du alle Erkenntnisse, die ich in den letzten eineinhalb Jahren gewonnen, alle Fragen, die ich gestellt und die Antworten, die ich gefunden habe. Gemeinsam gehen wir nun Schritt für Schritt durch Deine Wohnung und Dein Leben und befreien Dich von altem Ballast.

Nutze den Gegenwind

Bevor wir loslegen, noch eine Warnung: Nicht jeder wird die Veränderung, die in Deinem Leben vorgeht, positiv bewerten. Es wird Menschen geben - Menschen die Dich lieben! - die Dich warnen. Sie werden versuchen, ihre eigenen Ängste auf Dich zu übertragen.

Die wenigsten Menschen mögen Veränderung, noch nicht mal dann, wenn es nur um einige Bücher oder Kleidungsstücke geht, die Du loswerden möchtest.

Und ganz sicher gibt es auch in Dir selbst einen Teil, der nicht begeistert sein wird von den Veränderungen.

Peter Marshall, ein amerikanischer Geistlicher sagte einmal:

> **Wenn wir ein Leben ohne Schwierigkeiten anstreben, sollten wir uns daran erinnern, dass die Eichen durch wechselnde Winde stärker wachsen und Diamanten durch großen Druck entstehen.**

Nutze den Gegenwind, der im Englischen oft adversity, Widrigkeit genannt wird.
Nutze ihn für Dich, wachse an ihm und ich verrate Dir noch eines:

Je stärker der Gegenwind aus Deinem Umfeld, desto wahrscheinlicher ist es, dass Du Dich auf dem richtigen Weg befindest.

Lektion #1

> In unserer Konsumgesellschaft ist der Wunsch nach einem leichteren Leben, nach weniger statt mehr, vielen nicht verständlich. Wappne Dich vor dem Gegenwind und nutze ihn für Dich.

TAG 1 - AUẞEN

Unordnung

Ich habe dieses Buch in die Bereiche Außen und Innen unterteilt.

Es reicht nicht, dass Du Dir nur einen der beiden vornimmst. Unordnung ist nicht nur das, was Du in Deiner Wohnung siehst. Gerümpel ist nicht nur das Zeug, das Du angehäuft hast.

Auch alte Ideen, Beziehungen, die Dir nicht guttun, alte Verhaltensmuster und schlechte Angewohnheiten verstopfen Dein Leben und machen es schwer.

Gerümpel ist all das, was Dich daran hindert, Dich weiterzuentwickeln.
Gerümpel ist all das, was Dich davon abhält, der Mensch zu sein, der Du sein willst.
Sicher hast Du schon mal gehört, dass Deine Wohnung widerspiegelt, wie es in Dir drin aussieht.

Wenn Du Dir nur das Außen vornimmst, hast Du eine wunderbar aufgeräumte Wohnung. Du wirst Dich wohl fühlen und für eine Zeit wird es ordentlich sein.

Aber dann fällst Du zurück in alte Muster.
Lass mich Dir ein Beispiel geben:
Stell Dir vor, Du hast 20kg abgenommen.
Durch das geringe Gewicht verbrauchst Du weniger Kalorien als vorher.
Wenn Du Deine Essensmenge nicht an Deinen neuen, niedrigeren Verbrauch anpasst, wirst Du schnell wieder zunehmen.
Lässt Du innen die Dinge also weiterhin so laufen wie bisher, wird auch Deine Wohnung schnell wieder voller Gerümpel sein.
In den nächsten 23 Tagen nehmen wir uns beide Bereiche Deines Lebens vor.
Wir fangen mit dem Außen an, weil eine ruhige und ordentliche Umgebung Dir sehr viel mehr gedanklichen Raum für das Innen übrig lässt.

Überleg doch mal wie es wäre, wenn Du beim Sortieren Deines E-Mail-Postfachs die überquellenden Schubladen Deines vollgemüllten Schreibtischs siehst.
Kannst Du Dir vorstellen, wie sinnlos Dir das Löschen einiger E-Mails angesichts der äußeren Unordnung vorkommt?

10 Prinzipien für das Entrümpeln

Bevor wir in den nächsten Tagen in dieses Buch eintauchen, möchte ich Dir noch 10 Prinzipien an die Hand geben.

Diese 10 Punkte sollen Dich begleiten in Dein neues, leichteres Leben.
Sie sollen es Dir einfacher machen, Dein Leben zu entrümpeln und entrümpelt zu halten.
Sie beziehen sich meist auf das Außen, Du wirst aber im Laufe des Buchs merken, dass sie auch auf das innere Entrümpeln anwendbar sind.

1. Beende den nicht enden wollenden Strom an Dingen, die in Dein Leben kommen

Entrümpeln ist reine Verschwendung Deiner Zeit, wenn Du alles, was Du losgeworden bist einfach durch neue Dinge ersetzt.
Verlangsame die Flut an Dingen, die neu in Dein Leben treten.
Abonniere keine Kataloge mehr, akzeptiere nicht mehr jeden Flyer, bestelle Deine ausgedruckten Kontoauszüge ab.
Kaufe nicht ständig neue Kleidung.
Verbrauche die Lebensmittel in Deinem Kühlschrank.
Leihe Bücher aus oder steige auf E-Books um.
Abonniere einen Streamingdienst.
Halte einen Moment inne, bevor Du Termine vereinbarst und fühle in Dich hinein.
Stürze Dich nicht ständig in ein neues Hobby.
Haushalte mit Deiner Kraft.
Fokussiere Dich auf das, was Du hast. Richte Deinen Blick auf die Fülle, die in Deinem

Leben herrscht und nicht auf den Mangel. „Ich habe die Möglichkeit, mich ständig mit neuem Lesestoff zu versorgen“ statt „Aber ich habe ja gar keine Bücher mehr“.
Vertrau mir, Du wirst es nicht bereuen. Frei sein vom Verlangen danach, immer neue Dinge zu besitzen, ist eine wunderschöne Erfahrung.

2. Trenne Dich von einem Ding pro Tag

Nimm die 23 Tage als einen Vorschlag an, denn genau das sind sie!
Dein Leben leichter zu machen ist kein hektischer Sprint. Es soll ein achtsamer Weg sein, der sich für Dich gut anfühlt.
Nur so ist die Veränderung nachhaltig.
Wenn Du Dich pro Tag von einem Ding trennst, einen Termin aus Deinem Kalender streichst, Dir eine Aufgabe vornimmst oder eine Liste bearbeitest, kommst Du auch ans Ziel.
Ohne, dass Dein Zuhause plötzlich im Chaos versinkt.
Genieße den Prozess und gib Dir die Zeit, intensiv nachzuspüren.
Wie fühlt es sich an, dass Du jetzt weniger Zeitschriftenabonnements hast?
Wie lebt es sich mit einem Kleiderschrank voller Kombinationen statt Einzelstücke?
Wie ist das, wenn man nur 6 Paar Schuhe besitzt?

Deine eigene Entwicklung ist es, die verändert, wie Du über diese Dinge denkst. Dein Leben soll nicht deshalb leichter werden, weil „man das so macht“ oder weil es gerade „in“ ist, zu entrümpeln.
Strebe eine neue Art zu leben an, statt eine Crashdiät. Die funktionieren für die meisten von uns nämlich nicht.

3. Werde das „leichte“ Zeug zuerst los

Mach Dein Vorhaben für Dich nicht komplizierter, als es sein muss.
Im Gegenteil: Mach es Dir so einfach wie möglich.
Fang mit den Dingen an, an die Du nicht emotional gebunden bist.
Je weiter Du fortschreitest, je stärker Du wirst und je mehr Du Dir über Deine Prioritäten klar geworden bist, desto leichter fallen Dir die schwereren Entscheidungen.

4. Überlege Dir vorher, wo, wie und in welchem Zeitraum Du Deinen Kram loswerden willst

Es nützt nichts, wenn Du plötzlich eine Wohnung voller „Gerümpel“ hast, das dann noch ein halbes Jahr herumsteht.
Bevor Du auch nur den ersten Schritt machst, informiere Dich über Möglichkeiten, Deine aussortierten Besitztümer zu verkaufen, zu

recyceln, zu spenden oder wegzugeben.
Je besser du vorbereitet bist, desto wahrscheinlicher ist es, dass Du Erfolg hast mit Deinem Vorhaben.

5. Entscheide Dich bewusst, Dinge nicht aus Schuld oder Pflichtgefühl zu behalten

Hab nur das in Deinem Haus, was Du als nützlich oder schön empfindest, sagte William Morris, britischer Maler und einer der Gründer des Arts and Crafts-Movements.
Lass nicht zu, dass gedankliche Muster oder andere Menschen Dir diktieren, was Du behalten oder weggeben solltest.
Denk daran: Wenn etwas Dir gehört, steht es Dir frei zu entscheiden, was Du damit tust.

6. Hab keine Angst vor dem Loslassen

Das Verlangen, an etwas festzuhalten, das Du eines Tages noch mal gebrauchen könntest, kannst Du ganz leicht loswerden.
Sei realistisch im Bezug darauf, was ein Bedürfnis wirklich ist!

Viele der Dinge in Deinem Leben sind zwar ganz nützlich, sie sind aber nicht notwendig für Dein Glück, Deine Zufriedenheit oder den reibungslosen Ablauf Deines Lebens.
Versuche, diesen Unterschied zu verstehen und auf Dein Leben anzuwenden.

7. Geschenke müssen nicht materiell sein

Den lieben Menschen in Deinem Leben kannst Du auf so viele Arten zeigen, wie viel sie Dir bedeuten. Und zwar auch ohne ihnen Geschenke zu machen, die ihr Leben schwerer machen.

Bitte Dein Umfeld, das zu bedenken, wenn sie Geschenke für Dich auswählen.
Wunderbar eignen sich Erfahrungen oder Abenteuer, gemeinsame Unternehmungen und auch Geld.
Meine Eltern weigerten sich lange, mir Geld zu schenken, weil ihnen das zu unpersönlich war.

Ich empfinde das aber genau umgekehrt. Jemandem einen seelenlosen Gegenstand zu schenken, der sein Leben schwerer macht, ist für mich viel unpersönlicher und respektloser, als derjenigen Person zu vertrauen, dass sie weiß, was gut für sie ist.

8. Überlade Dein Leben nicht

Deine Wohnung braucht nicht so viel Bettwäsche, Geschirr, Besteck oder Vorräte wie ein Hotel.
Dein Leben muss nicht bis auf die letzte Minute durchgetaktet sein, Dein Smartphone

nicht sämtliche Apps enthalten. Du musst Dich noch nicht einmal für alle Eventualitäten vorbereiten.
Wie oft hast Du schon improvisiert und festgestellt, dass es immer irgendwie funktioniert hat?
Kürzlich war ich in Berlin und wusste nicht, welche Bahn mich nun zum Ziel bringen würde. Ich war aufgeschmissen - ganze 60 Sekunden lang.
So lange dauerte es, bis ich mir die App der Berliner Verkehrsbetriebe heruntergeladen, meine richtige U-Bahn gefunden und mich in Richtung meines Ziels aufgemacht hatte.
Vertraue darauf, dass schon alles gut gehen wird!

> **Keine Sorge, ich kümmere mich um Dich!**
> **-Das Universum**

9. Entrümple nichts ohne die Zustimmung des Besitzers

Das gilt vor allem für Deinen Partner und Deine Kinder.
Denn ja, auch die sollten über ihre Dinge selbst entscheiden können.
Eine kleine Anekdote aus meinem Leben: Vor einiger Zeit hängte ich Wäsche auf und bemerkte einen löchrigen Socken des Mannes.
Dem Socken war nicht mehr zu helfen, also

warf ich ihn weg - denn das mache ich mit meinen eigenen Socken auch so.
Das erwähnte ich beiläufig beim Abendessen. Der Mann fühlte sich übergangen und war zutiefst beleidigt. Seither habe ich nie wieder auch nur einen Fussel seiner Kleidung weggeworfen. Was ich aber getan habe: ich habe eigene, löchrige Socken in seinem Beisein entsorgt und das kommentiert.
Und siehe da, inzwischen findet sich in seiner Sockenschublade kein einziger mehr mit Löchern.

Respektiere die Grenzen und lass Deine Lieben selbst entscheiden. Wenn Du sie übergehst, kann das ganz schön ins Auge gehen. Im schlimmsten Fall hat es den gegenteiligen Effekt und sie halten krampfhaft an allem fest.
Warte bis sie bereit sind, loszulassen und geh mit gutem Beispiel voran.

10. Verschwende Dein Leben nicht an Deinem Gerümpel

Alles, was Du besitzt, jedes Möbelstück, jeder Pullover, jeder Topf und jedes Hobbyequipment verlangt etwas von Deiner Zeit: Zeit, Dich darum zu kümmern, es zu reinigen, zu reparieren, zu warten, zwischen gleichartigen Objekten auszuwählen, die Zeit, es zu erwerben.

Ganz zu schweigen von der Zeit, die Du gebraucht hast um das Geld zu verdienen, mit dem Du für den Gegenstand bezahlt hast. Entscheide Dich, weniger Deiner Lebenszeit für Streben und Besitzen von Zeug zu opfern. Dafür ist sie ist viel zu kostbar!

Du kannst sie viel besser für Dich selbst und die Menschen, Vorhaben, Projekte und Träume nutzen, die auf Deiner Prioritätenliste (Tag 15!) ganz weit oben stehen.

Und jetzt legen wir los!

In 23 Tagen machen wir Dein Leben deutlich leichter.

Es wird nicht perfekt sein, denn Perfektion ist eine Erfindung!

Du wirst auch nach diesen 23 Tagen noch viel Handlungsbedarf sehen, aber Dein Leben wird leichter und entspannter sein.

Du wirst Dich weniger eingeschränkt und freier fühlen.

1. Aufgabe: Überlege Dir, welche Bereiche Deines Lebens Dich am meisten einschränken

- Stehst Du morgens vor dem vollen Kleiderschrank und hast nichts anzuziehen?
- Gibt es Menschen in Deinem Umfeld, die Dir nicht gut tun?
- Oder verbringst Du Stunde um Stunde an Deinem Smartphone?

Wenn Du schnelle Fortschritte sehen willst, nimm Dir diese zwei, drei worst cases zuerst vor.

Wenn Dir nichts mehr aus Deinem Badschrank entgegen fällt, hast Du einen ruhigeren Morgen vor Dir.
Wenn Du Deinen Computer von Altlasten befreit hast, funktioniert er schneller und Du arbeitest effektiver.
Schon diese kleinen Änderungen haben eine große Wirkung!
Wie bereits erwähnt ist dieses Buch absichtlich so angelegt, dass fast jeder Tag in sich abgeschlossen ist. Die einzigen Ausnahmen sind Dein Keller und Dein Kleiderschrank.
Dein Keller ist meistens so voll, dass es utopisch wäre, all das Gerümpel an einem Tag loszuwerden. Wenn Du vor einem unübersichtlichen Haufen stehst, den Du in wenigen Stunden abtragen sollst, bist Du

außerdem geneigter, alles hinzuwerfen. Dein Kleiderschrank braucht erfahrungsgemäß deutlich mehr Zeit als 2 Tage. An Tag 7 und 8 stellen wir die Weichen um den Prozess zu Deinem leichten Kleiderschrank anzustoßen.

2. Aufgabe: Lies den „Leitfaden zum erfolgreichen Entrümpeln"

***

LEITFADEN ZUM ERFOLGREICHEN ENTRÜMPELN

Wenn ich erzähle, dass wir uns von 96% unserer Bücher, CDs und DVDs getrennt haben, treffe ich auf fassungslose Blicke. Unsere Wohnung stellen sich die meisten wohl als einen kahlen Raum vor, in dem zwei einsame Matratzen am Boden liegen, daneben zwei Computer. Sonst nichts.

Und es stimmt ja auch: ein großer Teil unserer Besitztümer hat unseren Evaluierungsprozess nicht überstanden.

Auf 34 Quadratmetern für 2 Menschen ist nicht übermäßig Platz für viele Besitztümer (trotzdem haben wir immer noch genug, keine Sorge!)

Für uns wurde aus dem Entrümpeln ein Schneeballsystem. Je mehr wir entrümpelten, desto leichter fiel es uns, noch mehr wegzugeben. Aber wie sind wir dahin gekommen?

Die Berge an Besitztümern und die Herausforderung, diesen Berg abzutragen, machen es einem leicht, aufzugeben.

Entrümpeln ist (nur auf den ersten Metern) schwer

Wenn Du Dich aktiv von einem Gegenstand trennst, ist das die einfachste Form des Loslassens.

Stell Dir den tatsächlichen Vorgang vor: Du stehst an einer Mülltonne und wirfst den Gegenstand hinein. Lässt Du los, landet der Gegenstand in der Tonne.
Bis es aber so weit ist, musst Du Dich einer ganzen Latte an Schwierigkeiten stellen.

Einige der häufigsten Gründe weshalb es Dir schwer fallen kann, Dich von etwas zu trennen, sind:

- Du hast Geld für die Sachen ausgegeben.
- Du hast sie in Momenten gekauft, in denen sie genau das waren, wonach Du gesucht hast.
- Du hast sie in Erinnerung an jemanden oder etwas gekauft.
- Du hast sie gekauft, obwohl Du wusstest, dass Du sie nie tragen oder nutzen würdest.
- Du schämst Dich dafür.
- Du willst nicht, dass alles umsonst war.
- Du hältst an ihnen fest, weil Du denkst, du brauchst sie sicher irgendwann wieder.

- Du behältst sie „für Gut“ oder irgendwann mal.
- Der Verkaufspreis ist viel zu gering für das, was sie Dich gekostet haben.

Diesen Punkten musst Du Dich stellen, wenn Du endlich Ordnung in Deine 4 Wände samt Budget und Keller bringen möchtest.

Sie zu überwinden ist schwer - aber nur auf den ersten Metern.

Denn Dir wird es mit großer Wahrscheinlichkeit genauso gehen wie uns: Je mehr Du Dich mit dem Weggeben auseinander setzt und je mehr Du gehen lässt, desto einfacher fällt es Dir.

Stell Dir diese 3 Fragen
Im Folgenden möchte ich Dir noch einmal ausführlicher die Kriterien vorstellen, nach denen der Mann und ich

- ausgewählt haben, was in unserem Leben einen Platz bekommt und
- nach denen wir in regelmäßigen Abständen unsere verbleibenden Besitztümer bewerten.

Der Reihe nach stellen wir uns 3 Fragen.
Wenn ich eine Frage mit Nein beantworte, ist der Gegenstand raus.
Wenn ich eine mit Ja oder Weiß nicht

beantworte, kommt die nächste Frage dran. Glaub mir, mehr als diese 3 habe ich noch nie gebraucht.

1. Verursacht Dir der Gegenstand Freude?

Diese Frage klingt für westliche Ohren erst mal seltsam. Sie ist der zentrale Punkt des Ordnungssystems von Marie Kondo, einer japanischen Autorin und Ordnungsberaterin. Marie hält Dich dazu an, jeden einzelnen Gegenstand in die Hand zu nehmen und Dir diese Frage zu stellen.

Wenn Du Dir jetzt denkst, dass Du damit wohl nie fertig werden würdest, besitzt Du vermutlich zu viel Zeug und solltest erst recht entrümpeln!

Ich finde die Vorstellung anstrengend, zu jedem Gegenstand eine intime Beziehung zu führen. Deshalb wende ich sie nur für Kleidung oder Haushaltsgegenstände an. Ziehe ich das T-Shirt nicht an, weil es mir nicht mehr passt? Es muss gehen.

Ist die Küchenmaschine ständig im Weg und nervt mich nur? Sie verlässt uns.
Probiere aus, für welche Bereiche diese Frage für Dich funktioniert.

2. Wann hast Du es zuletzt benutzt?

Puh, gerade bei Haushaltskram ist diese Frage der Todesstoß.

Wenn Du Dich nicht erinnern kannst, sie ohnehin zu viel Platz wegnehmen, unpraktisch sind, weg damit!
Hier fallen dann meistens auch die Dinge, die Du gekauft hast, weil

- Du sie in der Werbung gesehen hast,
- Du mal der Meinung warst, so ein Stepper wäre das Nonplusultra,
- Du gedacht hast, Du würdest im nächsten Jahr auf jeden Fall mindestens 8x in die Berge gehen und brauchst deshalb dieses neue Paar High-Tech-Ski unbedingt.

Das ist beliebig ersetzbar durch sämtliches Hobby-Equipment.

3. Würdest Du es neu kaufen, wenn es in einem Feuer verbrennen würde?

Diese Frage ist die beste. Denn an ihr kommen nur die wirklich wichtigen Dinge vorbei.
Falls Du neugierig bist, bei mir sind das im Moment:

- meine Brille,
- ein Ehering,
- mein Laptop,

- mein iPhone und
- meine Lieblingstasche.

Was schafft es bei Dir durch alle 3 Fragen?

- ____________________
- ____________________
- ____________________
- ____________________
- ____________________
- ____________________

An diesen Punkten kannst Du ansetzen:

- Verabschiede Dich von Dingen, die Du mehrfach besitzt: Wie viele Kabel, Computer, Medien, Möbel, Jeans brauchst Du wirklich? Was ist überflüssig, was ist zu viel? Was kann gehen?
- Werde die Dinge los, die Du nicht verwendest oder verwenden willst: Sportequipment das Du nicht benutzt, 3 Yogamatten, Bücher von Autoren, die Du gar nicht magst, CDs, die Du längst auch digital besitzt, die Hose, in die Du nicht mehr hineinpasst - weg damit!
- Komm drüber hinweg: Überwinde Deine Schuld.

Egal ob der Gegenstand ein Geschenk von Großtante Liese war, der Lieblingsaschenbecher Deines verstorbenen Großvaters (und Du rauchst nicht mal), uralte Schulhefte und Zeichnungen Deiner Kinder, Kinokarten, Liebesbriefe einer Person, mit der Du nicht mehr zusammen bist - lass es gehen!

Wenn Du das Erb-Service Deiner Oma nicht wegwerfen willst, benutze es jeden Tag, frage Deine Eltern, ob sie es zurück möchten oder behalte einen Teller und gibt den Rest in ein Sozialkaufhaus. Deine Oma hätte auch nicht gewollt, dass Dir das Service den Tag versaut!

- Mach es zu Geld: Frage Freunde und Familie ob sie etwas gebrauchen können, verkaufe auf eBay-Kleinanzeigen oder über Facebook, spende, was möglich ist und wirf den Rest weg.
- Bleib offen für's Loslassen: Bei jedem Gang durch mein Bücherregalfach finde ich wieder Bücher, die ich geschenkt bekommen oder die ich für Zugfahrten gekauft habe. Ich finde immer wieder Zeug, das gehen kann, weil es mein Leben nicht bereichert, sondern schwerer macht. Halte die Augen offen und lass es gehen.
- Kauf nicht noch mehr: Schau Dir an, wie viel Deiner Besitztümer Du bereits weggegeben hast. Bei uns waren es mindestens 50% oder mehr Dinge, für die wir Geld ausgegeben

haben, die uns völlig gleichgültig waren und bei denen wir nicht mal mit der Wimper gezuckt haben, als es darum ging, sie loszuwerden. Lass nicht zu, dass Du diesen Kreislauf weiterhin am Leben erhältst!

- Halte Dich bei neuen Anschaffungen an diese drei Richtlinien: 1) Wie bereichert dieser Gegenstand Dein Leben? 2) Was ist der eine gute Grund, weshalb Du diesen Gegenstand nicht kaufen solltest? 3) Möchtest Du den Gegenstand wirklich haben und ihn für immer besitzen?

Für immer ist ein großes Wort, aber hier genau richtig:

- Kauf es nicht nur, weil Du es jetzt gerade toll findest.
- Kauf es nicht, weil Du es ja eh in 2, 3 Wochen entsorgen kannst
- Kauf es nicht, weil es so günstig ist, dass es egal ist.
- Kauf es, weil Du den Gegenstand für immer in Dein Leben lassen willst (und nicht nur, bis er in einem Feuer verbrennt...)

***

TAG 2 - KÜCHE

Schränke und Schubladen

Jede Küche braucht einen Schrank, aus dem Tupperware herausfällt, wenn die Tür geöffnet wird.

Dieser Schrank ist vollgestopft mit Plastik in den buntesten Farben, mit Dosen und Deckeln, die nicht zwangsläufig zusammenpassen müssen.

Wenn Du etwas suchst, musst Du den ganzen Schrank ausleeren, Dich durch Käsedosen, Wurstdosen, Obstsiebe und Tortellinimacher wühlen, bis Du schließlich findest, wonach Du suchst.

Kommt Dir das auch bekannt vor?
So ungefähr sah viele Jahre meine Vorstellung einer Küche aus. Denn jede Küche, die ich kannte, hatte diesen Schrank. Mit der Zeit musste ich festgestellt, dass ich mich auf dem Holzweg befand.
Inzwischen ist unsere kleine Küche gut sortiert, aufgeräumt und übersichtlich gehalten.

Aus keinem Schrank fallen mir Gegenstände auf den Kopf, alle Schubladen lassen sich

ohne Schieben und Quetschen öffnen und schließen.

An Tag 1 nehmen wir uns deshalb die Schränke, Regale und Schubladen Deiner Küche vor, die nichts Essbares enthalten. Beim Reduzieren Deines Geschirrs und Deiner Küchenutensilien gibt es 3 besondere Fragen, die Dir die Entscheidung leichter machen:

1. Benötige ich für jeden Zweck 1 Utensil oder kann 1 Utensil mehrere Zwecke erfüllen? Brauche ich extra Salatschüsseln? Kann der Salat nicht auf Kuchentellern serviert oder direkt vom Essteller gegessen werden?
2. Wann habe ich dieses Werkzeug das letzte Mal verwendet? Gibt es einmal im Jahr Spätzle und den Rest des Jahres nimmt der sperrige Hobel Platz weg und nervt Dich nur?
3. Wofür hebe ich das auf? Brauchst Du wirklich das Extra-Service „für Gut" oder kannst Du nicht gleich jeden Tag das schöne Service benutzen?

Hängst Du an Dingen, weil Du sie geerbt hast oder mal viel Geld dafür bezahlt hast? Nehmen wir das Service „für Gut" als Beispiel. Mein Schwager bekam zu seiner Konfirmation ein wunderschönes Geschirr. Leider hat es einen Goldrand und darf deshalb nicht in die Spülmaschine.

Es steht also seit Jahr und Tag im Schrank, staubt vor sich hin und wir nicht genutzt. Weggeben will es aber auch keiner, denn es ist ja doch sehr hübsch und war außerdem ein Geschenk der inzwischen verstorbenen Großmutter.

Hier gibt es 2 Möglichkeiten, die Du auf alle Deine Besitztümer anwenden solltest.

Möglichkeit 1: Löse Dich von Deiner Schuld, mach ein Foto und/ oder versuche, ein neues Zuhause für den Gegenstand zu finden, in dem dieser mehr wertgeschätzt wird als bei Dir.

Möglichkeit 2: Benutze das Geschirr, und wenn es die Spülmaschine nur einige Monate überlebt, hat es wenigstens seinen Zweck erfüllt. Es wurde nicht gemacht, um im Schrank zu verstauben. Es wurde gemacht, damit Menschen von ihm essen.
Oder wie der Mann immer sagt: „Wenn es das nicht aushält, wäre es besser kein Geschirr geworden."

Geschirr

Bis vor einiger Zeit hätte ich ganz getrost eine Großfamilie bewirten und nebenbei auch noch Armenspeisungen durchführen können. In unseren Schränken befanden sich zu

diesem Zeitpunkt 19 Ess- und 12 Kuchenteller. Für 2 Personen: Völliger Irrsinn!

Wie viele Teller Du genau brauchst, ist natürlich Dir überlassen.
Stell aber ruhig Deine bereits bestehende Meinung in Frage - und das an jedem der nächsten 23 Tage!
Als Faustregel kannst Du Dich an diese Übersicht halten.
Pro Person braucht ein Haushalt:

- 1 flacher Teller
- 1 tiefer Teller
- 1 Kuchenteller
- 1 Salatschüsselchen
- 1 Müslischüssel (wenn ihr keine Müsliesser seid, reichen 1-2)
- 1 Brotzeitbrett
- 2-4 zusätzliche Teller, wenn Du häufig Gäste hast

Achtung: Für das jährliche Kaffeekränzchen mit Tante Gertie brauchst Du keine 4 Extrateller! Bewirtest Du einige Male im Jahr mehrere Gäste, behalte nicht das 36-teilige Set, sondern werde kreativ.

- Biete das Essen als Buffet an.
- Serviere das Essen in ausgehöhlten Kürbissen oder Broten...
- Denk um die Ecke und improvisiere!

Gläser und Tassen

Meine Mutter wurde von ihren Eltern noch dazu genötigt, sich von ihrem Ausbildungslohn schwere Bleikristallgläser für ihre Aussteuer zu kaufen. Inklusive Whiskey-, Schnaps-, Pils- und Cognacgläsern.

Bis vor einigen Jahren konnte sie sich von diesen nicht trennen - obwohl sie ihr längst nicht mehr gefielen und sie sie natürlich auch nie verwendete!

Sie hatte so viel Geld investiert.
Erst als ihr bewusst wurde, dass sie dieses Geld nie wieder bekommen würde, konnte sie sie gehen lassen.

Lektion #2

> Egal wie unnütz, wie doof oder peinlich Dir eine Anschaffung im Nachhinein vorkommt: Du bekommst Dein Geld meistens nicht zu 100% wieder. Sei nicht so hart zu Dir, lerne Deine Lektion und lass die Gegenstände los.

So viele Gläser brauchst Du wirklich, pro Person:

- 2 Wassergläser
- je 1 Weiß- und Rotweinglas
- 1 besonderes Glas (sofern es genutzt wird!)

- 2-4 Ersatzgläser für häufig empfangene Gäste

Besteck

Besteck häuft sich im Laufe der Jahre in den Schubladen an. Es finden sich 28 Messer, 24 Gabeln, dreierlei Kaffeelöffel.
Gebraucht wird folgendes, pro Person:

- 2 Gabeln
- 2 Messer
- 2 Löffel
- 2 Kaffeelöffel
- Für Gäste bieten sich hier Cocktailspieße aus Metall an, mit denen Du leckere Häppchen kreieren kannst

Tupperware-Boxen
Der Inbegriff der Spießigkeit und doch in jedem Haushalt zu finden. Du brauchst die! Ganz sicher?

Zumindest die Boxen ohne Deckel und anders herum kannst Du entsorgen.
Gesünder, übersichtlicher und besser zu reinigen sind auf Dauer Vorratsgläser.
Ich bin großer Fan der Gläser von Ikea, durch die ich nach und nach meine Plastikboxen ersetzt habe.

Vasen

Kannst Du Dich daran erinnern, wann Du das letzte Mal eine Vase gebraucht hast? Wenn Du Dich nicht ständig mit frischen Blumen beschenkst (oder beschenkt wirst), gibt es keinen Grund, 12 Vasen zu besitzen.
Eine oder zwei reichen völlig! Spende den Rest oder wirf sie weg.

Messbecher

Auch die vermehren sich im Schrank und werden mit der Zeit furchtbar unhygienisch. Behalte die 1-2 praktischsten und saubersten, wirf den Rest weg.

Kochlöffel und Schöpfkellen

Entsorge zuerst die unhygienischen alten Kochlöffel und schaffe Dir einen richtig guten an.
Ich mag besonders die aus Olivenholz gern. Wenn Du nicht in einer Suppenküche arbeitest, kannst Du auch ganz getrost alle Schöpfkellen bis auf 1 große und 1 kleine loswerden.

Küchenwerkzeug

Wir hatten zu einem Zeitpunkt mal 4 Sparschäler. Dazu 3 Reiben in 3 Größen.

Behalte den Schäler, die Reibe, die
- am nützlichsten,
- am vielseitigsten und
- Dir am liebsten sind.

Mit der Reibe, die wir behalten haben, kann ich von der Muskatnuss bis zum Kohlkopf alles reiben.
Wenn Du 1 Werkzeug hast, das Du vielseitig einsetzen kannst, sparst Du Platz, Geld, Zeit und Nerven.

Nimm Dir gleich einen Wäschekorb oder leeren Umzugskarton zur Hand und los geht's! Ein Tipp: Benutze 2 Behälter. In einem sammelst Du das, was bleibt.

Im anderen, das was Du spendest und wegwirfst. So stellst Du sicher, dass Du es Dir beim Auseinander sortieren nicht noch mal anders überlegst.

TAG 3 - KÜCHE

Kühlschrank, Vorräte und Vorratshaltung

Ungefähr 82kg Lebensmittel wirft jeder Deutsche im Jahr weg - einen Großteil davon ungeöffnet!

Je größer Dein Kühlschrank und die Lagerkapazitäten, desto höher ist die Wahrscheinlichkeit, dass Du Lebensmittel wegwerfen wirst.

Sie rutschen im Schrank nach hinten und tauchen erst 18 Monate nach Ablauf ihres Haltbarkeitsdatums wieder auf.
Viel zu oft beeinflusst auch unser Umfeld die Kaufentscheidungen. Ich sollte doch mehr davon essen, das ist doch gesund, das ist neu, das muss ich probieren...

Jetzt ist der richtige Zeitpunkt, das zu ändern. Für mich hat es wunderbar funktioniert, in 3 Schritten unseren Lebensmittelverbrauch zu durchschauen.

1. Schritt: Was sind meine Standards?

Was habe ich immer Zuhause und was kaufe ich sofort nach, wenn es leer ist?
Falls es Dich interessiert: bei uns sind das

Kaffee, Milch, Tomaten, Kapern und Mozzarella.

2. Schritt: Was wird immer schlecht?

Es gibt garantiert Lebensmittel, die Du ab und an kaufst, nur um dann festzustellen, dass Du sie wieder nicht aufgegessen hast.
Bei mir sind das Brotaufstriche. Ich mag sie sehr, aber ich esse ein-, zweimal von ihnen und dann reicht es mir schon wieder.

3. Schritt: Was will ich essen und was nicht?

Essen ist immer eine bewusste Entscheidung. Finde heraus, um welche Lebensmittel Du einen Bogen machen möchtest und eliminiere sie aus Deinem Vorratsschrank. Auch wenn es sich dabei um die neueste Superfood-Alge handelt, die ja so gut für die Entgiftung Deiner Haare sein soll.

1. Aufgabe: Identifiziere Deine Standards und Überflüssiges

- Wovon hast Du immer etwas Zuhause?
- Was kaufst Du sofort nach, wenn es ausgeht?
- Was wird garantiert immer schlecht?
- Wovon würdest Du gerne mehr essen?
- Was willst Du vermeiden?
- Was hast Du nur gekauft, weil es das neue Superfood ist/ Du Dich unbedingt vegan ernähren wolltest/ die Werbung Dich dazu gebracht hat/ weil es im Angebot war?

2. Aufgabe: Dein Kühlschrank

Räume alles aus Deinem Kühlschrank, was
- abgelaufen ist,
- nicht mehr genießbar ist oder
- garantiert nicht mehr gegessen wird.

Wenn er schon leer ist, wasche Deinen Kühlschrank gleich mit heißem Wasser mit einem großzügigen Schuss Essig aus. Deinen Lifestyle (und damit auch Deine Ernährungsgewohnheiten) schauen wir uns an Tag 22 genau an.

Heute geht es aber wirklich nur darum, Deinen Kühl- und Vorratsschrank leichter zu

machen und gegen die Lebensmittelverschwendung vorzugehen. Denn mit Deinem Geld kannst Du auch besseres anfangen, als es in Form von Nahrungsmitteln in den Müll zu werfen. Versuche, Deine eigenen „Regeln" zu finden, wie Lebensmittel für Dich funktionieren.

How to do: Lebensmittel

Einige Tipps, die sich für mich oder mein Umfeld bewährt haben, sind:

- Kauf nur so viel wie Du brauchst - wenn ihr keine Großfamilie seid, kauf lieber nur 5 Kartoffeln auf einmal, als eine 5kg-Packung, von der Du Dreiviertel wegwirfst.
- Verwerte gezielt die Reste - die restliche Packung Rosinen vom Backen passt wunderbar in einen Kaiserschmarren oder die asiatische Reispfanne, braune Bananen schmecken immer noch toll im Smoothie.
- Brauch geöffnete Packungen auf - hier ein bisschen Reis, da etwas Mehl. Such Dir gezielt Rezepte aus, bei denen Du die offenen Packungen aus Deinem Schrank verwerten kannst.
- Brauche abgelaufene Lebensmittel zügig auf - Du hast eine Packung Quark im Kühlschrank vergessen? Verlass Dich auf Dein Bauchgefühl, mache eine Geruchs- und vorsichtige Geschmacksprobe, koch ein

paar Kartoffeln und iss sie mit Kräuterquark. Ich kaufe übrigens absichtlich Produkte kurz vor Ende des Mindesthaltbarkeitsdatums, weil wir so Produkte in unseren Speiseplan integrieren, die wir sonst nie kaufen UND Du tust gleich was Gutes für die Umwelt, weil's eben nicht weggeworfen wird.

- Mach Dir einen Essensplan - plane für eine Woche vor und kauf nur das ein, was Du brauchst.
- Mach Dir eine Einkaufsliste - halte Dich im Laden an Deine Liste, kauf nur die Dinge, die Du auch wirklich verwendest und nicht auf Vorrat im Juni schon günstiges Mehl für die Weihnachtsplätzchen.

TAG 4 - WOHNZIMMER

Übliche Problemzonen

Dein Wohnzimmer soll ein gemütlicher Ort zum Entspannen sein, für Dich und Deine Familie (egal wie groß oder klein sie ist).
Ein Ort, an dem Du die Seele baumeln lassen kannst.

Häufig finden sich im ganzen Zimmer Stapel, Staubfänger und Stauräume, die Dich viel Nerven kosten können. Manchmal passiert das auch unbemerkt.

Im Alltag werden wir oft blind für den ganzen Kram, der uns umgibt.
Genau deshalb fangen wir heute auch mit einer Bestandsaufnahme an.
Die empfehle ich Dir, wenn Dir die Energie in einem Raum nicht gefällt, Du aber nicht weißt, wo Du ansetzen sollst.
Manchmal reicht es, das Zimmer mit anderen Augen zu sehen.

1. Aufgabe: Mach Fotos von Deinem Wohnzimmer

Nimm Dir Dein Smartphone/ Dein Tablet/ Deine Kamera zur Hand und stell Dich in die Mitte des Raums.
Dreh Dich langsam um die eigene Achse und mach aus jeder Einstellung ein Foto, sodass Du am Ende einen Panoramablick erhältst. Diese Bilder schaust Du Dir am besten auf Deinem Computer an.

- Was fällt Dir sofort auf?
- Woran bleibt Dein Blick hängen?
- Was wirkt unharmonisch, was ist überladen?
- Wo finden sich Stapel, die Dir im Alltag nicht mehr auffallen?

Beliebte „Problemzonen" sind:

- der Couchtisch, vor allem wenn er eine Ablage unter der Tischplatte hat
- Bücherregale (die sind morgen dran!)
- rund um den Fernseher, wenn ihr noch einen besitzt
- der Esstisch
- das Sofa

Lektion #3

Alle vertikalen, freien Flächen ziehen Kram magisch an. Sie freizuhalten ist eine neverending story. Da hilft nur dran bleiben!

2. Aufgabe: Sammle innerhalb von 5 Minuten alles ein, was nichts im Wohnzimmer zu suchen hat

- Papiere und Post, die auf den Schreibtisch gehört.
- Spielzeug,
- schmutziges Geschirr,
- Kleidung...

Bringe diese Gegenstände dahin, wo sie hingehören.

Wenn Du innerhalb der ersten 5 Minuten noch nicht alles geschafft hast, mach eine zweite, dritte, vierte Runde.

3. Aufgabe: Nimm Dir die Bereiche vor, die Dir auf den Bildern aufgefallen sind

Schnapp Dir jetzt wieder Deinen Wäschekorb und einen feuchten Lappen.

Entferne die Kissen und Wolldecken vom Sofa, die unförmig sind, die Dir nicht mehr gefallen, nicht zu Deinem Stil passen, verfärbt sind, auf die Du mal Rotwein verschüttet

hast...
Richte die restlichen Kissen gerade und leg die Decken zusammen. 1 Decke pro Person im Haushalt reicht übrigens.

Räume den Couchtisch ab, oben und unten. Wische beide Flächen ab und räume nur das zurück, was wirklich hingehört.

Die Fernbedienungen, Taschentücher, das Buch, das Du gerade liest.

Zeitschriftenstapel haben hier nichts zu suchen! Für Zeitungen und Zeitschriften habe ich ohnehin nur zwei Worte: Raus damit.
Du wirst sie wahrscheinlich nie wieder lesen.
Ich habe früher bei uns am Schwarzen Brett in der Firma gefragt, ob Kollegen alte Ausgaben haben wollen. Oder Magazine mit Freundinnen getauscht.
Ansonsten: Ab in die blaue Tonne.

4. Aufgabe: Leere den Bereich um den Fernseher

Wir nutzen den Fernseher häufig genug als Flucht vom Alltag, er braucht keine zusätzliche Ablenkung um sich herum.
Wische die leergeräumte Fläche sauber.

5. Aufgabe: Mach den Esstisch komplett leer

Wische ihn ab und räum nur das zurück, was wirklich draufgehört. Eine Tischdecke, eine Blumenvase oder den Obstkorb.

Lektion #4

Sei ehrlich zu Dir selbst
Heb nichts auf, nur weil Du es „vielleicht irgendwann einmal" brauchen könntest. Wenn Du in den nächsten 6-12 Monaten an keinen konkreten Fall denken kannst, zu dem Du es brauchst: Trenne Dich!

6. Aufgabe: Entrümple Deine Andenken

Die Pappmaché-Möwe, die Dir Deine Oma von ihrem Hiddensee-Urlaub 2007 mitgebracht hat oder der kleine Plastik-Eiffelturm von Deiner Abifahrt 2003 stauben im Regal vor sich hin?
Jedes Mal ärgerst Du Dich, wenn Du den ganzen Kram putzen, ab- und umräumen musst?
Lass es los. Entweder Du spendest es oder wirfst es weg.
Die Andenken sind im Kopf und im Herzen. Und da sind sie sehr gut aufgehoben.

7. Aufgabe: Stelle Deine Möbel in Frage

Wie viele Möbel braucht ein Wohnzimmer? Gibt es keine freien Flächen, weil alles mit Regalen zugepflastert ist? Wie viele Schubladen brauchst Du, die Du vollstopfen kannst?
Ja, auch Möbel dürfen Dich auf dem Weg zum leichteren Leben verlassen.
Gerade die Stücke vom großen schwedischen Anbieter gehen weg wie warme Semmeln. Ab mit ihnen in die eBay-Kleinanzeigen! Hier bekommst Du fast alles unter die Leute.

8. Aufgabe: Teelichter und Kerzen

Nicht ewig aufheben, sondern einfach aufbrauchen (wenn der Geruch beim Abbrennen auszuhalten ist).
Ja auch die handgeknetete Kerze, die Tante Gertrud Dir aus dem Himalaya mitgebracht hat!
Denk an Dein Geschirr. Wenn es nicht zum Abbrennen gedacht wäre, wär' es keine Kerze geworden.

TAG 5 - WOHNZIMMER

Bücher, CDs und DVDs

Im zarten Alter von 16 Jahren fing ich an, Bücher für meine eigene Bibliothek zu sammeln.

Andere Frauen in meinem Alter träum(t)en von der Art begehbarer Kleiderschrank, wie Du sie auf Pinterest entdecken kannst. Aber ich wollte nur eins: Regale voller Bücher, eine Leiter und eine Leseecke in der Galerie unter dem Dach. Hier würde ich an regnerischen Nachmittagen sitzen und Charles Dickens lesen.

Mit 22 hatte ich zusätzlich zu 3 vollgestopften Regalen noch 12 Umzugskisten mit Klassikern, Büchern mit schönen Titeln und Einbänden, Sachbüchern, Fotobänden...
Ich habe sie nicht gelesen, ich habe sie nur gekauft.
Lange Zeit habe ich geglaubt, dass man Bücher, die man einmal hat, nie wieder hergeben darf.

Wieso ich anfing, umzudenken

Je mehr ich mich mit Minimieren, Entrümpeln und meinen Finanzen auseinandergesetzt

habe, desto klarer konnte ich sehen, dass all die Bücher für mich keinerlei Wert hatten. Ich hatte sie gesammelt und jetzt lagen in Kisten im Keller meiner Eltern herum. Bei einer genaueren Inspektion fiel mir außerdem auf, dass viele der Bücher vergilbt und verknickt waren.

Ich kam zu folgenden Erkenntnissen:

1. Ich werde nie mehr das Geld zurückbekommen, das ich für sie gezahlt hab – egal, wie lange sie noch herumliegen. (Siehe Lektion #2)
2. Ich hatte keine Lust, alle 12 Kisten bei Umzügen herumzuschleppen.
3. Es ist unrealistisch, dass wir in München in der nächsten Zeit genügend Wohnraum für eine Bibliothek haben werden.
4. 90% der Bücher hatte ich nicht gelesen und ich wollte sie auch nicht mehr lesen, weil sie nur noch Druck auf mich ausübten.

Als sich dann der Umzug meiner Eltern ankündigte, wusste ich, der Zeitpunkt zum Handeln war gekommen.

1. Schritt: Entwickle einen Schlachtplan

1. Werte jedes Medium einzeln aus
2. Mach so viele Bücher wie möglich zu Geld
3. Spende den Rest

2. Schritt: Bücher, CDs und DVDs erfolgreich online verkaufen

Deine Medien auf Flohmärkten oder einzeln über Amazon zu verkaufen ist selten lukrativ. Zum Glück gibt es viele Anbieter, die Dir Deine Bücher, CDs und DVDs in Massen abkaufen.
Lass uns zuerst die Zahlen wälzen:

- Der Mann und ich haben über 1000 Bücher, CDs und DVDs aussortiert.
- diese haben wir in 29 Kisten verkauft.
- Insgesamt verschickten wir an 7 Ankäufer.
- 45% unserer Ware ging an Rebuy, 43% an Ankäufer und 14% an Momox.
- Insgesamt haben wir über 1300€ verdient.
- Die Methode, die ich angewendet habe, war sehr drastisch. Sie ist aber auch genau die, die ich Dir ans Herz legen will.

Ich habe alle Medien aussortiert:

- die ungelesen waren und die ich nicht im nächsten Monat lesen konnte oder wollte,
- die ich nicht liebe (hier werden mindestens 50% Deiner Sammlung wegfallen),
- die ich nicht wiederbeschaffen würde, wenn sie in einem Feuer verbrennen würden.

Lektion #5

„Würde ich es wiederbeschaffen, wenn es in einem Feuer verbrennen würde?“ Frag Dich diese Frage bei jedem Gegenstand, bei dem Dir das Loslassen besonders schwer fällt. Ein glückliches Leben braucht viel weniger, als Du Dir vorstellen kannst. Natürlich besitze ich auch Dinge, die ich zwar nicht noch einmal kaufen, die ich momentan aber auch nicht loswerden möchte. Das ist völlig ok, aber die Frage gibt Dir eine andere Einstellung zu Deinen „weltlichen“ Besitztümern. Und einen Blick für's Wesentliche.

3. Schritt: Wähle Deine Werkzeuge für den Verkauf

Unser - nach kurzer Zeit sehr effizientes - System bestand nur aus 2 Komponenten.

Bonavendi: Hierbei handelt es sich um ein Portal, das die Ankaufspreise von 40 verschiedenen Ankäufern miteinander vergleicht und Dir den höchsten Preis für Dein Medium angibt.
Es gibt auch eine App für's iPhone, die mit einem Barcode-Scanner ausgestattet ist. Das macht die Erfassung der Medien schnell und einfach.
Das einzig wirklich negative an Bonavendi ist,

dass es keinen automatischen Übertrag für die ganzen Artikel gibt, sondern Du händisch jeden einzelnen auf die Seite des Ankäufers übertragen musst.

Nach einiger Zeit und Erfahrung mit verschiedenen Ankäufern haben wir auf Bonavendi verzichtet und uns auf unseren eigenen Expertenstatus verlassen.

Pappkartons: Je nachdem, wie viele Medien Du verkaufst, eignen sich kleinere Pappkisten oder normalgroße Umzugskartons.
Das ist alles, was Du brauchst.

4. Schritt: Entscheide Dich für 2-3 Ankäufer (+meine Empfehlung)

Wir haben insgesamt 7 Anbieter von 33 getestet.
Alle anderen boten uns entweder nicht genug Geld an, suchten nicht die Medien, die wir hatten oder hatten zu hohe Ankaufsschwellen, die wir nicht erreicht haben.

Die 7 von 40 Anbietern, die wir getestet haben, waren:
- Buchankauf24
- GebrauchtMedienAnkauf
- Ichkaufsab

- Momox
- Rebuy
- Regalfrei und
- Zoxs

Die besten Erfahrungen haben wir mit Rebuy und Momox gemacht.
Rebuy ist unser Favorit:

- Der Gesamterlös auf der Website stimmt meist auf den Cent genau,
- Rebuy bot bei all unseren Tests den höchsten oder zweithöchsten Ankaufspreis,
- die Prüfung geht schnell,
- der Mitgliederbereich ist sehr gut.

Insgesamt haben wir in den letzten 3 Jahren 11x an Rebuy verkauft.

Momox war der zweite Anbieter, der mir sehr positiv in Erinnerung geblieben ist. Vor unserem letzten Umzug habe ich erneut ein Päckchen Bücher hingeschickt.

- Die Ankaufspreise sind verhältnismäßig hoch, Momox war bei unseren Tests häufig unter den ersten 3 Anbietern
- Dafür ziehen sie je nach Zustand der Medien kleine Beträge ab, der Vorgang ist sehr transparent,
- die Abweichungen bewegen sich für das gesamte Verkaufspaket im 0,50-2€-Bereich,

- wenn Du Dich für den Newsletter anmeldest, bekommst Du einen 5€-Gutschein für Deinen ersten Verkauf.

Auch Regalfrei und Ichkaufsab kann ich empfehlen.
Regalfrei bietet keine hohen Preis, eignet sich aber sehr gut, um Masse loszuwerden. Angenehmer Verkauf, sehr schnelle Auszahlung.
Ichkaufsab hat unsere beiden Aufträge jeweils innerhalb von 5 Werktagen bearbeitet. Es gab geringe Abzüge, sonst lief alles reibungslos. Ich fand auch den Kontakt zur Firma sehr angenehm.

Versandetiketten, meistens für Hermes und die DHL, stellen die Ankäufer kostenlos zur Verfügung!

5. Schritt: Finde Alternativen für Regale voller Bücher, CDs und DVDs

Freue Dich auf jeden Fall über mehr Platz und weniger zum Abstauben!
In Zeiten von Netflix, der öffentlich-rechtlichen Mediatheken, YouTube, Amazon Prime oder iTunes brauchst Du keine DVD oder BluRay–Sammlung mehr,

- Apple Music, Google Play Music und Spotify versorgen Dich kostenpflichtig mit Musik aus allen Jahrzehnten,

- Zusätzlich gibt es kostenlose Anbieter wie last.fm und auch wieder YouTube,
- Eine große Auswahl an Büchern, DVDs und CDs findest Du in Deiner örtlichen Bibliothek
- Für Bücher gibt es inzwischen Online-Bibliotheken, wie das Kindle Unlimited Abonnement, das ich seit über einem Jahr nutze. Das Prinzip ist kinderleicht: Nach einem kostenlosen Monat zahlst Du 9,99€ pro Monat und kannst Dir bis zu 10 Bücher gleichzeitig ausleihen. Diese kannst Du auf allen Geräten lesen. Ich finde es toll und nutze es als meine Bibliothek in der Handtasche.
- Für Hörbücher ist die erste Adresse das Amazon Audible Abonnement. Wenn Du Dich für Deinen Probemonat anmeldest, erhältst Du ein kostenloses Hörbuch. Das Abo verlängert sich dann automatisch und kostet Dich 9,95€ pro Monat. Du erhältst jeden Monat 1 weiteres Hörbuch und kannst jederzeit zum Monatsende kündigen.

Ein großes Angebot an Hörbüchern gibt es auch oft in Bibliotheken, hier aber auch wieder der Hinweis: Meistens wirst Du die CDs digitalisieren, außer Du besitzt noch einen Discman und musst die Dateien dann wieder löschen, wenn Du das Hörbuch zurückgibst.
Es lohnt sich aber, das zu überprüfen! Unsere Stadtteilbibliothek hat ein riesiges Angebot

an Hörbüchern.

6. Schritt: Entdecke neues und genieße die Freiheit

Seit ich meine Medien entrümpelt habe, lese ich wieder mit Freude, ich entdecke neue Musik und kann mir garantiert sicher sein, dass ich jedes Buch, das ich besitze, auch kenne.
Und nicht nur das, jedes einzelne liebe ich wirklich, zu jedem habe ich eine persönliche Bindung.
Es sind und bleiben Dinge, aber Dinge, die ich mir aktiv ausgesucht habe und nicht, die ich irgendwie angesammelt, mal gelesen oder auch nicht und dann nie wieder angefasst habe.
Das ist ein wahnsinnig schönes Gefühl!
Ganz zu schweigen von dem vielen Platz, den wir jetzt genießen können und der Mobilität, von der uns 29 Pappkartons voller Bücher getrennt haben!

TAG 6 - SCHLAFZIMMER

Bettwäsche, Deko und mehr

Stolperst Du nachts auf dem Weg zur Toilette oder stößt Dich an Möbeln?
Verstauben Figürchen und Dekosachen in Deinen Regalen?
Kannst Du die Fenster nicht richtig öffnen, weil die Fensterbretter vollgeräumt sind?
Quellen Deine Schubladen und Schränke über vor lauter Bettzeug und überzähliger Decken?
Ärgerst Du Dich jedes Mal, wenn Du ein T-Shirt aus dem Schrank holst und Dir der ganze Stapel entgegenkommt?

Wenn nur ein Raum in Deinem Zuhause minimalistisch und möglichst leer ist, dann sollte es Dein Schlafzimmer sein.

Ein unordentliches Schlafzimmer kann großen Einfluss auf Deine Nachtruhe haben. Aber nicht nur auf die, sondern auch auf Deine Zufriedenheit im Alltag.

1. Aufgabe: Halte das gesamte Zimmer einfach

Das Ziel ist, dass Du Dich frei bewegen kannst und Dich nicht wie in einem Labyrinth fühlst. Wenn Du einen roten Faden brauchst, um nachts aufs Klo zu finden, ist Dein Schlafzimmer definitiv zu voll!

2. Aufgabe: Behalte nur die Möbel, die wirklich notwendig sind im Schlafzimmer

Dein Schlafzimmer ist kein Slalomparcours und je mehr Du Dein Leben entrümpelst, desto weniger Stauraum wirst Du in dem Zimmer brauchen, in dem Du Dich nachts zur Ruhe bettest.

Deine Möbel sind zum Glück auch nicht festgetackert, Du kannst sie jederzeit entfernen oder zumindest verschieben.

3. Aufgabe: Räume das Fensterbrett komplett frei

Es ist wichtig, dass Du Dein Schlafzimmer ausreichend belüften kannst. Allerdings solltest Du Dich hier an die Empfehlungen halten, mit denen Du einerseits Energie sparen und andererseits Schimmel vermeiden kannst.

4. Aufgabe: Entferne sämtlichen Dekokram und alle Staubfänger

In einer staubigen Umgebung zu schlafen ist Gift für Deine Lunge! Raus damit!

5. Aufgabe: Stell eine Pflanze auf

Ich mag ein wenig Grün in meinem Schlafzimmer sehr gerne.
Zum einen verbessern Pflanzen das Raumklima und zum anderen wirken sie sehr entspannend und - je nachdem welche Pflanze Du wählst - fast schon luxuriös. Meine Favoriten sind Grünlilien, Palmen und Sukkulenten.

6. Aufgabe: Räume das ganze Gerümpel aus dem Raum unter Deinem Bett

Unter dem Bett ist nicht der richtige Ort, um Schuhschachteln, Sportausrüstung oder ähnliches zu lagern!
Diesem ganzen Kram wenden wir uns an den Tagen 12 und 13 zu, wenn wir uns Deinen Keller vornehmen.
Wenn Du die Sachen also nicht gleich aussortieren möchtest, lagere sie so lange im Keller zwischen - wenn noch was reingeht!

7. Aufgabe: Trenne Dich von einem Teil Deiner Bettwäsche

Die Mickey Maus Bettwäsche aus Deiner Kindheit, die ausgewaschenen, zu warmen, zu kalten Garnituren kannst Du getrost gehen lassen.
Behalte pro Person 2 Kissenbezüge, 2 Bettbezüge, 2 Spannbettücher.
Das ist genau 1 Maschine Wäsche und während die eine wäscht, wird die andere bezogen.
Wenn Du Bettwäsche und Leintücher in der gleichen Farbe kaufst, wird das Waschen nochmal unkomplizierter.

Tipp: In weißer Bettwäsche fühlt sich das Aufwachen an wie in einem Hotel. So hast Du jeden Tag ein bisschen Urlaubsfeeling gratis.

TAG 7 - KLEIDERSCHRANK

Teil 1

Kennst Du das Gefühl, dass Du zwar unzählige Klamotten besitzt, aber nichts zum Anziehen hast?

Mir ging es bis vor einiger Zeit so.
In meinem Schrank fanden sich lauter Einzelstücke, die für sich allein zwar toll, untereinander aber nicht kombinierbar waren.

Wenn sie doch einmal zusammenpassten, biss sich die Farbe der Jacke mit der meiner Schuhe, ich sah langweilig oder nicht wie ich selbst aus.

Ja, ich hatte eines dieser Pinterest-Boards, auf dem ich schicke Outfits sammelte.

Und ich kannte auch das Konzept der capsule wardrobe, also einer Garderobe, die nur aus einer bestimmten Anzahl an Stücken besteht, die alle miteinander kombinierbar sind. Aber umsetzen konnte ich das mit den vorhandenen Kleidungstücken nicht.

Ich wurde immer unzufriedener und lief letztendlich nur noch in meiner

Standarduniform (Jeans und langweiliges Oberteil) herum.

An Tag 7 und 8 erzähle ich Dir, wie ich das geändert habe und wie Du das auch kannst!

Eine kleine Warnung vorweg: Vermutlich wirst Du es an zwei Tagen nicht schaffen, nur noch Deine absoluten Lieblingsteile im Schrank und Deinen perfekten Stil gefunden zu haben.

Aber Du kannst ein Fundament legen, für einen Kleiderschrank voller Sachen zum Anziehen, die zu Dir passen!

1. Aufgabe: Schaffe Platz in Deinem Kleiderschrank

Im ersten Teil der großen Kleiderschrank-Entrümpelungsaktion geht's erst einmal darum, Platz zu machen!

Nimm Dir einen großen blauen Sack für die Altkleidersammlung und einen kleinen für den Müll.
In den blauen Sack kommen alle Kleidungsstücke, die:

- noch gut sind,
- Dir aber nicht mehr passen oder gefallen
- In den Müll gibst Du:
- löchrige Socken
- einzelne Socken ohne Partner
- kaputte Strumpfhosen
- löchrige, verwaschene oder unbequeme Kleidung und Unterwäsche

Und ja, damit meine ich auch diesen einen BH, der sündteuer war, Dir aber noch nie richtig gepasst hat.

Entweder in den blauen Sack oder den Mülleimer solltest Du auch die halbfertigen Projekte geben (genau die!).
Die Jeans, die Du unbedingt zu einer total coolen Tasche umnähen wolltest.
Den Rock, der eigentlich nur ein bisschen

enger gemacht werden müsste.

Upcycling gut und schön; jedoch sollten diese Projekte auch eines Tages fertig werden und nicht als Idee in Deinem Schrank versauern. Wenn Du die Projekte nicht innerhalb einer Woche fertigstellen wirst, nimm den Druck von Dir selbst und trenn Dich von ihnen. Hör nicht auf, bis Du nicht alles entfernt hast, was Du garantiert nicht mehr tragen wirst. Aber Achtung: Hier geht es nicht darum, eine Ausrede für eine ausgedehnte Shoppingtour zu schaffen!

2. Aufgabe: Was ist übrig geblieben + Stilinspiration sammeln

Zum Abschluss des heutigen Tages möchte ich, dass Du Dir die Stücke ansiehst, die übrig geblieben sind:

- Wie lassen sie sich einteilen?
- Gibt es Muster, die immer wieder auftauchen?
- Gibt es ein, zwei, drei Farben, die sich wiederholen?
- Welche Grundfarben gibt es? Weiß, schwarz, grau, blau, beige oder braun?
- Gibt es Einzelstücke, die Du mit nichts anderem kombinieren kannst?
- Gibt es Stücke, die Du für besondere

Anlässe aufhebst?

- Worin fühlst Du Dich wirklich wohl und worin verkleidet?
- Hast Du vielleicht auch schon ein Pinterest-Board, auf dem Du hübsche Outfits sammelst?
- Fällt Dir spontan eine Schauspielerin oder Bekannte ein, deren Stil Du magst?
- Gibt es einen Film oder eine Serie, deren Ästhetik Dir gefällt?

Notier Dir alles für morgen und such Dir schon einmal Bilder Deiner Stilinspirationen heraus.

TAG 8 - KLEIDERSCHRANK

Teil 2

Was ich an meinem minimalistischen Kleiderschrank so liebe, ist die Tatsache, dass ich nicht nur weniger Kram im Schrank habe. Deinen Kleiderschrank leichter zu machen hat noch mehr Vorteile:

1. Du hast mehr zum Anziehen! Rein statistisch trägt Frau 20% ihres Kleiderschranks regelmäßig, der Rest liegt herum. Wenn Du nur noch diese 20% besitzt, trägst Du plötzlich 100% Deiner Kleidungsstücke regelmäßig!
2. Es fällt Dir leichter, Dich morgens anzuziehen.
3. Die Outfitwahl ist kein frustrierendes Gewühle, das wieder mal im Griff zur Standarduniform endet. Du kennst Deinen Kleiderschrank und seine Kombinationen
4. Du behältst nur die Klamotten, in denen Du Dich wohl fühlst und die Deinem Stil entsprechen.
5. Du findest viele neue Kombinationsmöglichkeiten und kannst Accessoires besser nutzen als vorher.
6. Du hast weniger Wäsche zu waschen.
7. Du sparst Geld, weil Du Lücken in Deinem

Kleiderschrank gezielt und unter Berücksichtigung Deiner anderen Kleidungsstücke auffüllst.

8. Du rettest die Umwelt, da Du Deine neuen Lieblingsteile nicht im Achterpack für 5 Euro beim Textilschweden kaufst und sie nach einigen Waschgängen wegwirfst.
9. Du gehst achtsamer mit Deiner Kleidung um, dadurch hält sie länger.

Deine eigene capsule wardrobe

Im Internet findest Du unzählige Angaben, wie viele Kleidungsstücke Du „brauchst“. Aber ganz ehrlich? Das ist völlig egal!
Es ist nicht wichtig, ob Du 33 oder 66 Stücke im Schrank hast.
Die Hauptsache ist, dass Du die Vorteile eines leichteren Kleiderschranks für Dich nutzen kannst.
Und jetzt ist es an der Zeit, Deine Notizen und Fotos von gestern zur Hand zu nehmen.

1. Schritt: Basis herausarbeiten

Bei einem capsule wardrobe (hast Du eine Idee, wie man das auf Deutsch nennen könnte?) ist Planung das A und O.
Ich glaube, viele von uns drücken sich davor, den Kleiderschrank zu entrümpeln, weil das Reduzieren und Organisieren unserer

Kleidung uns dazu zwingt, ganz klar Stellung zu beziehen zu unserem persönlichen Stil. Und auch zu entscheiden, was für uns funktioniert und was eben nicht.
Viele verschiedene Stile im Kleiderschrank zu haben scheint eine geniale Möglichkeit, das zu maskieren - und niemals genauer anzuschauen.
Und hey, mit 15 ist das toll. Da bin ich heute Gothicbraut, morgen Punkrockerin und übermorgen rosa Prinzessin.
Für mich ist aber gerade das Loslassen dieses „Ich kann alles sein (oder auch gar nichts?)" das schöne an der capsule wardrobe.
Ich darf endlich Klarheit in meinen Kleiderschrank, in meinen persönlichen Stil bringen.
Ich darf endlich gehen lassen, was mich zwar irgendwie anzieht, was mir aber nicht steht, in dem ich mich seltsam oder verkleidet fühle.
Wie Du Deine Basis herausarbeitest und von dort aus weiter vorgehst, möchte ich Dir am Beispiel meines Kleiderschranks beschreiben:
Die Basisfarben meiner Garderobe sind die Farben blau und grau.
Die vorherrschenden Muster sind Punkte und Streifen (große Liebe!).
Die Kontrastfarbe ist Neonorange - die einzige Neonfarbe, die mir steht und die ich mag.

2. Schritt: Vorteile der capsule wardrobe erkennen und Kleiderschrank erweitern

- Da ich meine Grundtöne und meine Muster kenne, weiß ich beim Einkaufen sofort, ob etwas in meine Garderobe passt oder nicht.
- Da ich einen genauen Überblick über den Inhalt meines Kleiderschranks habe, kenne ich die Lücken in meiner Garderobe.
- Da ich immer wieder neue Stilinspiration (über mein Pinterest-Board, andere Menschen aus meinem Umfeld...) sammle, fallen mir ständig neue Kombinationen auf.
- Da ich weiß, was ich mag und was mir steht, kann ich besondere Stücke an anderen bewundern, schütze mich aber vor Fehlkäufen (Ich finde z.B. den Oversized-Look sehr toll; weiß aber genau breite, „quadratische“ Kleidungsstücke stehen mir nicht).
- Da ich meinen Stil für mich identifiziert habe, spiegelt die Art mich zu kleiden meine Persönlichkeit wider.
- Da mir der Platz in meinem Schrank viel wert ist, kaufe ich keine Billigware in Massen, sondern suche manchmal wochen- oder monatelang nach der richtigen Ergänzung (momentan nach dem weißen T-Shirt).
- Da alles zusammenpasst, kann alles

miteinander kombiniert werden.

- Da ich bereits Muster trage, brauche ich wenig Akzente durch Accessoires, den einzigen Schmuck, den ich trage, sind von mir handgeknüpfte Malas, buddhistische Gebetsketten, und eine kleine Auswahl an echten Ringen, teilweise Erbstücke, teilweise Geschenke.
- Mein einziger Schal für die Zeit von Frühjahr bis Herbst ist grau, fügt sich also auch in meine Garderobe ein.
- Mäntel und Jacken kaufe ich ausschließlich in blau und kann sie zu allem kombinieren, was ich besitze.

Finde Deine Basis und baue auf ihr auf
Beantworte aufbauend auf Deine Notizen von gestern diese Fragen:

- Welche Parallelen hast Du in Deinem Kleiderschrank und Deiner Stilinspiration gefunden?
- Welche Farben tauchen immer wieder auf?
- In welchen Kleidungsstücken fühlst Du Dich wohl?
- Wohin möchtest Du Deinen Stil entwickeln?
- Wer bist Du? Wer willst Du sein?
- Was fehlt?

Deine capsule wardrobe herauszuarbeiten ist ungefähr so, wie eine Statue aus einem Stück

Marmor freizumeißeln.

Du musst nur die Teile entfernen, die nicht zur Skulptur gehören.

Gib Dir die Zeit, Muster zu erkennen.
Hast Du ähnliche Schwächen wie ich sie im Bezug auf Oversized-Kleidung habe? Gibt es Kleidungsstücke, die Du haben „musst" und die dann im Schrank vergammeln - am besten noch mit dem Preisschild dran?
Mit der Zeit wirst Du immer sicherer und kannst ganz gezielt auf die Suche nach Ergänzungen gehen.
Du kannst - anders als früher - gezielt im Sale einkaufen. Weil Du eben keine Einzelstücke oder wahllos reduzierte Kleidung kaufst, sondern weißt, welche Lücke Du stopfen möchtest.

Vielleicht ist es eine Jeansjacke, die jedes Deiner geliebten Maxikleider zu einem eigenen Outfit macht.

Du suchst so lange nach dem besonderen Türkisarmreif, der Dir im Kopf herumspukt, bis Du den richtigen gefunden hast.
Oder die schicken, schwarzen Boots mit kleinem Absatz, die Du vom Bürotag, über den Banktermin bis hin zum Blind Date für alle Anlässe nutzen kannst.
Eine der schönsten Erfahrungen des Aufbaus

einer capsule wardrobe ist es, dass Du wieder Vorfreude spürst.

Aber nicht nur die: Wenn Du endlich das perfekte Teil gefunden hast, das die Lücke füllt, wirst Du das erste Mal seit langem wieder ein normales Einkaufserlebnis haben. Kein von sofortiger Bedürfnisbefriedigung und der Angst, was zu verpassen getriebenes. Keines, bei dem Du Dich hinterher schuldig fühlst oder schlechter als vorher.

Sondern eines, bei dem Du einen Kauf tätigst, auf den Du Dich vorbereitet hast. Für den Du Geld eingeplant hast (siehe hier auch Tag 21). Ich sag Dir, das ist ein verdammt angenehmes Gefühl.

TAG 9 - BÜRO

Büromaterial, Unterlagen und Akten

Ganz gleich ob Du nur einen Schreibtisch oder ein ganzes Büro hast - auch hier bieten sich unendliche Möglichkeiten für Gerümpel.

1. Aufgabe: Alles raus, was keine Miete zahlt

Wenn Du ein ganzes Büro hast, gehe so vor, wie in Deinem Wohnzimmer. Entferne alles, was nicht ins Büro gehört.
Fische die Andenken aus den Regalen mit den Steuerunterlagen, staube und wische alles ab.

Falls Du noch keine Ordner hast, in die Du Deine Unterlagen ablegen kannst, ist jetzt der richtige Zeitpunkt, Dir welche zu organisieren. Ich empfehle einen für alle Finanzunterlagen, einen für die beruflichen und einen für die privaten Unterlagen. Pro Kind ebenfalls je 1 Ordner. Wenn alle Ordner einheitlich sind, erhältst Du ein schönes Gesamtbild. Aber da spricht die Ästhetin in mir.
Beschrifte die Ordner noch nicht!
Kaufe ebenfalls Trennstreifen aus Pappe.

2. Aufgabe: Nächster Halt - Schreibtisch

Vor einem halben Jahr kaufte ich total niedliche und total unpraktische Fuchspost-its. Obwohl ich nie Post-its verwende, weil ich sie nicht mag und ein Arbeitsbuch habe. Und sie echt einfach für nichts zu gebrauchen sind.

Lass diese Büromaterial-Leichen gehen, trenne Dich von allen

- 1200 Werbekugelschreibern,
- den überzähligen Tesafilm-Abrollern,
- Tackern,
- Büroklammerentfernern,
- halb leeren Blöcken,
- Bleistiften, die immer abbrechen,
- Brieföffnern, Briefbeschwerern
- und dem ganzen Gerümpel, das Deine Aufmerksamkeit vom Arbeiten ablenkt.

Mach die Schubladen leer, stelle das verbleibende Büromaterial ordentlich hinein (Gleiches zu gleichem!).
Werde den Rest los!

Überzählige Stifte, Papier und Bastelzeug kannst Du übrigens an den örtlichen Kindergarten geben, die freuen sich sehr.
Entferne alles um den Schreibtisch herum, was Dich daran hindert, richtig zu sitzen.
Schaffe einen Ort, an dem Du Deine

Eingangspost (offene Rechnungen, Unterlagen zum Ablegen usw.) sammelst. Aus den wichtigen Papieren machst Du erst einmal einen Stapel, der Ablage widmen wir uns im nächsten Schritt.

Leere den Papierkorb aus und den Aktenvernichter, die beiden brauchen wir gleich.

3. Aufgabe: Ablage machen und alte Rechnungen und Kassenzettel aussortieren

1. Schritt: Vorsortieren

Alle wichtigen Papiere, die bisher lose herumliegen, werden wir nun vorsortieren. Am besten machst Du für jeden Vorgang, jeden Absender einen Stapel.
Also einen für

- die Krankenkasse, für Deine Brille
- für die Gehaltsabrechnungen,
- für die Steuer, für Zeugnisse,
- für Deine Bank, für den Kredit,
- für die Haftpflichtversicherung...

Diese Unterlagen sortierst Du jetzt logisch für Dich. Ich kann Dir nicht sagen, wie Du das machen sollst, weil mein Ablagesystem für Dich vielleicht komplett unsinnig klingt und umgekehrt.
Meine Ablage ist minimalistisch und sortiert

nach Finanzunterlagen (1 Ordner) und dann von A bis Z (2 Ordner).

Wir kommen beim Aufräumen Deines Computers auch noch einmal dazu, aber versuche ein Ablagesystem zu finden, das Du durchschauen kannst. Und das Du durch alle Ablageformen mitnimmst.

So weißt Du sofort, wo Du die Unterlagen oder E-Mails Deiner Krankenkasse findest. Unter K wie Krankenkasse oder unter T wie TK? Wie auch immer es für Dich logisch ist, halte Deine Ablage einheitlich.

2. Schritt: Aussortieren

Sortiere gleich aus, was Du nicht brauchst. Entweder Du jagst es direkt durch den Aktenvernichter, legst es beiseite um es zu verbrennen oder sammelst es erst einmal in einem separaten Behälter.

Früher war ich selbst einer der Menschen, die ihre Kassenzettel über ein Jahr lang gehortet haben. Das Geld für die Lebensmittel, die Du im April 2015 gekauft hast, bekommst Du nie wieder.

Behalte nur die Kassenzettel und Rechnungen der Geräte oder Gegenstände, bei denen Du noch einen

Gewährleistungsanspruch hast oder die Du für die Steuer brauchst.
Hier reicht auch eine Fotografie oder ein Scan. Habe ich schon erfolgreich getestet!
Ebenso solltest Du uralte Unterlagen entfernen. Einen Überblick über die Aufbewahrungsfristen findest Du in den Ressourcen zum Buch.

3. Schritt: Auf Ordner aufteilen und abheften

Wenn Du Deine Vorsortierung und das Aussortieren erledigt hast, fülle für jeden Bereich einen Trennstreifen aus.
Dann teilst Du die Unterlagen ungefähr gleichmäßig auf Deine Ordner auf.
Jeder Ordner sollte noch etwa zu 1/3 frei sein, sonst wird die Ablage schnell mühselig. Du fängst bald wieder an, Deine Unterlagen umzusortieren. Und Deine Ordnerbeschriftung stimmt dann auch nicht mehr.

4. Schritt: Ordner beschriften und stolz sein

Du hast es geschafft! Schreib jetzt noch in Schönschrift drauf, was in welchem Ordner zu finden ist und klopf Dir kräftig auf die Schulter.

Wieder eins geschafft!

TAG 10 - BADEZIMMER

Handtücher, Hausapotheke und Kosmetika

Was im Tupperschrank beginnt, setzt sich oft auch im Bad fort.
Der gezielte Griff nach einem Nagellack wirft mindestens drei weitere um. Lippenstifte und Lidschatten verschwinden in Schubladen.
Der Wäschekorb quillt über, Putzmittel stapeln sich und Du hast genügend Handtücher um die Nationalelf zu versorgen. Zweimal.
Dein Bad soll nicht nur eine „Nasszelle“ sein, sondern Deine kleine Wellness-Insel im Alltag.
Kannst Du Dich beim Anblick 15 verschiedener Shampoos und Spülungen in der Badewanne entspannen?
Kann es Dir nicht schnell genug gehen, bis Du die Tür zum Chaos wieder hinter Dir zumachen kannst?

> **Tipp:** Wenn Du Dich nicht von allem trennen willst, reicht es schon, gleichartige Dinge zu gruppieren und dem Auge ein Ordnungsmuster zu bieten, an dem es sich orientieren kann.

Es gibt einen Grund, warum für uns alle die gleichen Musikstücke wohl klingen (etwa von Beethoven oder Mozart). Mensch mag Ordnung, gerade Linien wirken beruhigend auf uns.
Durch dieses stromlinienförmige Umfeld gibst Du Deinem Geist den nötigen Raum, sich zu entfalten. Ohne, dass er sich mit dem Chaos von den wichtigen Dingen ablenkt.
Lass uns Dein Bad jetzt Schritt für Schritt aufräumen.

1. Aufgabe: Evaluiere Dein Make-up

Du brauchst auf YouTube nicht lange zu suchen, bis Du Frauen findest, die Nagellacke horten, 84 Lidschatten besitzen, dazu 8 Mascaras - für jede Eventualität eine - und 27 Lippenstifte.

Nach langen Jahren besitze ich inzwischen wieder etwas Make-up, aber ich gebe ehrlich zu, dass ich diesen Hype noch nie ganz verstehen konnte.

Das soll jetzt kein „Natürlich bist Du am schönsten“-Plädoyer sein. Mir geht es einzig und allein darum, dass es unsinnig ist, so viele gleichartige Gegenstände zu besitzen.
Denn Hand auf's Herz: Wie oft lackierst Du Dir die Fingernägel neu? Zu welchen Farben greifst Du und welche stehen seit Wochen,

Monaten unangetastet im Regal? Der knallgelbe, der vor einigen Jahren mal ganz modern war?

Ich empfehle Dir dringend, Deine Kosmetik gründlich auszumisten.
Am besten breitest Du sämtliche Produkte auf einmal auf einem Tisch vor Dir aus.
Wenn Du sehr viel viele Nagellacke, Lidschatten, Lippenstifte hast, knöpfe Dir jede Kategorie einzeln vor.

Nimm jedes Teil in die Hand und beantworte Dir - ehrlich - 2 Fragen:
- Wann hast Du es das letzte Mal benutzt?
- Wirst Du es in den nächsten 2 Monaten benutzen?

Alles, was diesen 2 Fragen nicht standhält, darf Dich getrost verlassen.

> **Tipp:** Brauche Produkte auch einmal auf, ohne beim letzten Drittel gleich für Nachschub zu sorgen. Du lebst nicht in einem Entwicklungsland! Nutze die ständige Verfügbarkeit für Dich. Und vermeide Hamsterkäufe.

2. Aufgabe: Entrümple Deine Handtücher

Bis vor Kurzem waren unsere Badschränke so vollgestopft mit Handtüchern, dass ich die

Türen nicht mehr richtig zubekommen habe. Inzwischen besitzen wir noch jeweils 2 kleine und 2 große Handtücher.

Das reicht dicke! Du benutzt Deine Handtücher ungefähr für zwei Minuten nachdem Du Dich gerade grundgereinigt hast.
Sie müssen nicht jeden Tag ausgetauscht werden.
Wie bei der Bettwäsche auch, empfehle ich Handtücher in ähnlichen Farben um Dir das Waschen so leicht wie möglich zu machen.
Tipp: Zusätzlich hatte ich lange ein Handtuch zum Haare tönen. Wenn das für Dich relevant ist, behalte Dir ein weiteres.

3. Aufgabe: Duschgels und Haarshampoos - das brauchst Du wirklich

Schau Dir an, was Du wirklich brauchst.
Das Shampoo für rote Haare obwohl sie längst wieder eine andere Farbe haben? Drei verschiedene Conditioner?
Ich schlage nicht vor, sie wegzuwerfen.
Brauche sie auf. Und kaufe nur 1 Duschgel und 1 Haarshampoo nach.
Diese brauchst Du dann wieder auf und sorgst erst dann für Nachschub. Egal, wie toll das neue Kokos-Oreo-Duschbad auch riechen mag.

Tipp: Halte die Augen offen nach Naturseifen für Haut und Haar. Die ersparen Dir nicht nur eine Menge Plastikmüll. Du kannst sie auch prima auf Reisen mitnehmen, brauchst keine Proben und Miniflaschen behalten oder neu kaufen.

4. Aufgabe: Bring Deine Hausapotheke auf den aktuellen Stand

Entferne zuerst alle abgelaufenen Medikamente.
Da wir in einem Land leben, in dem überall Apotheken zu finden sind, reicht ein kleiner Grundstock.
Den Rest solltest Du fachgerecht entsorgen und nicht einfach im Hausmüll oder der Toilette versenken.

5. Aufgabe: Sortiere Deine Putzmittel aus

Mal abgesehen davon, dass diese ganzen Chemiekeulen schlecht für Dich und die Umwelt sind, wirst Du belogen.
Du brauchst keine unzähligen Putzmittel für verschiedene Zimmer, für verschiedene Böden, für die handgeklopften marokkanischen Wandfliesen, Dusche, Waschmaschine oder was auch immer.
Ein Allzweckreiniger reicht (mein Favorit ist

von einer Ökomarke, die es in jedem Supermarkt gibt, kostet schlappe 2,50€ und reicht ewig).

Wenn Du es noch natürlicher möchtest, putze mit Natron, Zitronensäure und Essigessenz. Komplett biologisch abbaubar, braucht wenig Platz und verursacht wenig Müll.

TAG 11 - FLUR

Garderobe und Eingangsbereich

Der Eingangsbereich wird häufig komplett vollgestopft oder als Zwischenlager verwendet.

Dabei empfängt Dein Flur Dich Zuhause und soll Deine Gäste willkommen heißen.
Wenn Du Dich am liebsten auf dem Absatz herumdrehen und wieder gehen willst, ist es an der Zeit, hier etwas zu ändern.

1. Aufgabe: Problembereiche finden

Überquellende Garderobenhaken, Schuhe, die überall herumliegen, eine Armada an Schals, Mützen und Handschuhen...
Das sind häufige „Problemzonen" im Eingangsbereich.
Welche finden sich in Deinem?

2. Aufgabe: Nach Saison sortieren, Gleiches gruppieren, limitieren und den Rest entrümpeln

1. Schritt: Behalte nur Saisonales im Blickfeld

Je nachdem, wie groß Dein Flur ist, habe nur die saisonale Ausrüstung griffbereit.

Eine überquellende Schublade voller Winterschals bringt Dir im August nichts - Klimawandel hin oder her.
Verstaue sie in einer Kiste (mit Lavendel oder Mottenabwehr).
Mach das gleiche mit den Schuhen, die jetzt gerade keine Saison haben oder die Du nur ab und an brauchst.
Wir haben im Keller ein günstiges Billy-Regal, in dem wir unsere Saisonschuhe aufbewahren.

2. Schritt: Gruppiere gleiches

Hab einen Ort, an dem alle Schlüssel sind.
Stelle alle Schuhe ins Schuhregal.
Bewahre alle Taschen, Rucksäcke, Mützen, Handschuhe usw. an einem Ort auf.
So weißt Du immer genau, wo Du suchen musst.

3. Schritt: Limitiere

Bei mehr als einer Person im Haushalt kommen schnell 6, 7, 8 Jacken zusammen.
Limitiere die Anzahl an Jacken, Schals, Taschen pro Person, die gleichzeitig im Flur sind.

Der Mann und ich haben 3 Garderobenhaken pro Person. Das sind 2 Jacken und 1 Tasche für mich, 2 Jacken und 1 Hoodie für ihn.

So stellt ihr sicher, dass die Jacken nicht ständig herunterfallen.

Teilt die vorhandenen Schuhregale gleichmäßig auf. Der Mann und ich haben jeweils 1,5 Regalbretter, was dort keinen Platz hat wird verstaut, wurde entfernt oder wird regelmäßig durch andere Schuhe ausgetauscht.

4. Schritt: Lass los

Früher besaß ich zwei große Boxen voller Schals und Halstücher. Ich liebte sie und trug jeden Tag ein anderes - zumindest dachte ich das.
Als ich anfing, meine Besitztümer auszusortieren, waren auch die Schals dran. Ich faltete sie alle und stellte nach einigen Monaten fest, dass mehr als 2/3 aller Tücher immer noch unangetastet waren.
Inzwischen besitze ich 3 Winterschals, die ich abwechselnd trage.
Von Frühjahr bis Herbst wende ich das „1 Utensil für mehrere Verwendungen-Prinzip“ an, das ich Dir bereits an Tag 2 vorgestellt habe.
Meinen geheiligten Loop-Schal, den ich auch als Strandtuch, Handtuch, Kleid, Rock, Cardigan und Decke verwenden kann.
Dazu kommen 2 Mützen; eine einfarbige, die zu allem passt, die andere tausche ich jedes

Jahr gegen eine neue selbstgestrickte aus, den Vorgänger spende ich für Obdachlose oder Geflüchtete. Und 2 Paar Handschuhe.
Bei Schuhen und Jacken habe ich klassische Teile, die farblich zu meiner Garderobe und zu meinem Stil passen.
Hier gebe ich inzwischen pro Paar/ Jacke mehr Geld aus, pflege und trage sie dementsprechend auch länger.
Finde heraus, was für Dich funktioniert.
Mach Deine eigenen Regeln, mit denen Du Dich wohl fühlst.

Noch ein Tipp zum Schluss: Sorge dafür, dass die Eingangstür und sämtliche Türen, die vom Flur abgehen, problemlos geöffnet werden können.

Nichts ist frustrierender, als die eigene Haustür nicht richtig aufmachen zu können, weil Gerümpel im Weg ist!

TAG 12 - KELLER

Teil 1

Hast Du gerade eben gezuckt, als ich schrieb wir haben unsere Schuhe im Keller?
Die meisten von uns könnten in ihrem Keller noch nicht mal eine Leiche verstecken, wenn sie wollten. Kein Platz.

Keine Sorge, mir ging es bis vor einigen Monaten auch noch so.

Wir lebten damals noch in unserer großen Wohnung, die vollgestopft war mit Zeug.
Alles, was wir nicht in der Wohnung unterbringen konnten, hatten wir runter geschafft.
An dem Tag, an dem mich beim Betreten unseres Kellers halb der Schlag traf, wussten wir bereits, dass wir aus finanziellen Gründen unsere Wohnung verlassen werden.
Und auch, dass wir schon allein auf unseren 71 Quadratmetern viel zu viel Zeug angesammelt haben.

Viel zu viel Zeug, das wir unter gar keinen Umständen auf knapp der Hälfte des Platzes unterbringen konnten.
Der erste logische Schritt war: Keller aufräumen.

Damit konnten wir besser umgehen, als mit dem potentiellen Jobverlust des Mannes.
Den Keller aufräumen hatten wir schon lange vor und 2, 3 lausige Quadratmeter klangen besser als die ganze Wohnung selbst.
Frohen Mutes machten wir uns also auf den Weg nach unten.
Und dann BÄM!

Keinen Gedanken verschwendet
Ich stand dort unten, umgeben von Zeug, an das ich die letzten 6 Monate oder länger keinen. Einzigen. Gedanken. Verschwendet. Habe.
Ich habe nichts vermisst.
Ich hätte Dir nicht mal sagen können, was alles da unten Staub angesetzt hat.
Denkst Du gerade auch über den Inhalt Deines Kellers nach?

Weißt Du, was da alles so rumliegt? Fallen die paar Quadratmeter in die Kategorie „Schwarzes Loch"?

Bevor wir uns auf den Weg in Deinen Keller machen, organisiere Dir einige leere Umzugskartons und blaue Müllsäcke.
Noch viel wichtiger als bei allen Vorhaben bisher solltest Du Dir ebenfalls vorher überlegen, wo, wann und wie Du alles los wirst, was Du entrümpelt hast.
Gib den Dingen, die Du aussortierst, eine

Deadline, bis zu der Du sie aufhebst.

1. Aufgabe: Der erste Schritt des Wegs

Die erste Aufgabe für heute ist, es, Deinen Keller zu betreten und eine erste Inventur zu machen.
Atme erstmal tief durch.
Wir kriegen das Chaos in den Griff!
Wenn Du Schritt für Schritt entrümpelst, wächst Dir das Gerümpel auch nicht über den Kopf.

Und wenn Du in diesen zwei Tagen noch nicht alles schaffst, mach Dir keinen Stress!
Wenn ihr mehr als einen vollgemüllten Kellerraum habt, nimm Dir einen nach dem anderen vor. Nicht alle auf einmal.
Babysteps, ok?

2. Aufgabe: Mache eine Inventur

Nimm Dir entweder Dein Smartphone oder einen Block zur Hand, um Dir Notizen machen zu können.

- Wie viele Kisten findest Du?
- Was enthalten sie?
- Welche Schränke, Regale möchtest Du behalten?
- Notiere Dir die Dinge, die:
    - Du schon lange mal verkaufen wolltest,

- direkt in den Müll gehören,
- gar nicht Dir gehören,
- Du nicht mehr brauchst,
- kaputt, schmutzig, zu klein, zu groß... sind?

3. Aufgaben: Fülle 1 Umzugskarton oder blauen Sack mit Müll

Heute fangen wir langsam an:
- Mit alten Zeitschriften, die sich im Keller stapeln,
- mit Kleidung, die muffig riecht, nicht mehr passt, kaputt ist,
- mit kaputten Sportgeräten,
- mit ausgemusterten Spielsachen.

Such Dir was aus, mit dem Du die erste Kiste, den ersten Müllsack füllen kannst. Suche Dir etwas aus, das Du leichten Herzens gehen lassen kannst.

TAG 13 - KELLER

Teil 2

Ich hoffe, Du bist gestärkt und bereit! Nach einem kurzen Blick auf unseren Schlachtplan für heute greifen wir direkt an!
Gestern hast Du:

- die Erwartungen runtergeschraubt, dass Dein Keller heute Abend komplett aufgeräumt sein muss,
- die erste Kiste Müll aussortiert
- eine Inventur des Gerümpels gemacht,
- die Möbel identifiziert, die bleiben und
- die Gegenstände benannt, die Dich verlassen dürfen.

Lektion #6

Vergiss nicht, Dich auf dem Weg auch mal umzudrehen. Die Strecke, die Du schon zurückgelegt hast, erscheint Dir winzig im Vergleich zu dem, was noch vor Dir liegt. Ruf Dir immer mal wieder in Erinnerung, was Du schon alles gemeistert hast. Du hast schon 12 Basiscamps auf dem Weg zum Gipfel erreicht. Das ist fantastisch!
Feiere Dich für Deine Etappensiege. Erledigt ist besser als perfekt! Und lass Dich nicht von den Schritten herunterziehen, die noch vor Dir liegen.

Und jetzt ab in den Keller mit uns!

1. Aufgabe: Häufchen bilden

Die erste Etappe für heute ist es, Gleichartiges zu gruppieren. Hierfür brauchst Du Deine Notizen von gestern.
Pack alles, was nicht Dir gehört und Du schon längst mal zurückgeben wolltest auf einen Haufen. Diese Sachen wirst Du bei der nächsten Gelegenheit ihrem Eigentümer zurückgeben.

Auf dem 2. Haufen landet alles, was zu verkaufen ist. Hierfür eignen sich besonders Sportausstattung, Erbstücke, wie die Kaffeemühlensammlung Deiner Oma und Möbel.

Alles, was kaputt, schmutzig, unpassend oder anderweitig nicht mehr zu gebrauchen ist, landet auf Haufen 3. Das ist der Erfahrung nach der größte Haufen.
Richte einen Mülleimer her für das, was direkt in die Tonne wandert.
Der Rest (alte Matratzen, kaputte Möbel, Farbreste...) kommt zum Recyclinghof.
Erkundige Dich vorher online, welche Stoffe angenommen werden.
Die Informationen findest Du entweder bei den örtlichen Abfallbetrieben (in Großstädten

wie München), dem Landratsamt oder Bürgerbüro.
Der kleinste Haufen im Keller sollte der sein, der aus Dingen besteht, die Du behalten willst.

Denn mal ganz ehrlich: Von den meisten Dingen wusstest Du nicht mehr, dass Du sie besitzt, oder? Das bedeutet auch, dass Du sie nicht vermisst hast!
Wenn es sich also nicht um saisonale Gegenstände handelt (natürlich solltest Du Deinen zwischengelagerten Sonnenschirm oder die Schi nicht in der jeweiligen Gegensaison entrümpeln): Weg damit.

Mach Dich frei von dem Klotz am Bein, das Dein Heim nur unnötig beschwert.

2. Aufgabe: Regale sinnvoll einräumen

Und, wie sieht's aus? Brauchst Du alle Möbel noch, die Du vorher als „will ich behalten" markiert hast?
Räume sie sinnvoll und übersichtlich ein.
Mach ein Regalbrett für Werkzeug, eines für Autozubehör, eines für Kindersachen, eines für Schuhe.

Und keine Sorge, wenn Du heute noch nicht ganz fertig wirst.
Wie schon gesagt, babysteps!

Überhaupt etwas entrümpelt zu haben ist viel besser, als ein perfekt sortierter Keller und ein Nervenzusammenbruch. Das gilt übrigens für jeden Tag!

Ganz sicher wirst Du in 3 Wochen oder 3 Monaten noch viele Besitztümer finden, von denen Du nicht mehr weißt, wieso Du sie behalten hast.

Deine Gefühlswelt und Deine Beziehung zu ihnen wird sich verändern, je mehr Du Dich mit dem Entrümpeln beschäftigst.
Gewöhne Dir an, Deine Besitztümer immer mal wieder in Frage zu stellen.
Wie fühle ich mich heute damit?
Kann ich mein erstes Paar Chucks aus Teenagertagen jetzt gehen lassen?
Warum möchte ich die alte Schreibmaschine meiner Mutter behalten, obwohl sie nur im Keller vor sich hinstaubt?

<u>Lektion #7</u>

> Wenn Du die Emotionen, die in Dingen gebündelt sind, durchschaust, kannst Du die Dinge gehen lassen und die Emotionen behalten. Für Deine Gefühle brauchst Du keinen Repräsentanten aus Metall, Stoff oder Plastik.

3. Aufgabe: Auto einräumen, Sperrmüll bestellen und Kleinanzeigen aufgeben

Noch eine kleine Aufgabe und dann hast Du es für heute geschafft!
Wenn Du ein Auto besitzt, kannst Du alles, was zum Reyclinghof kommt, schon mal einräumen.

Hat er noch offen? Entsorge die erste Fuhre noch heute! Tu es! Je schneller Du die Dinge loswirst, desto weniger Chancen hast Du, es Dir anders zu überlegen.
Du wirst nichts vermissen, das verspreche ich Dir!
Wirf den Müll in die Tonne.
Fotografiere die Gegenstände, die Du verkaufen willst und stelle sie kostenlos auf den Ebay-Kleinanzeigen ein.
Ich habe hier von der Stehlampe über den ausgemusterten Rucksack bis zur oben erwähnten Kaffeemühlensammlung alles losgebracht.

Wie wär's wenn Du Dir von dem eingenommenen Geld was schönes gönnst? Die Ayurveda-Massage, von der Du schon lange mal träumst? Ein schönes Essen mit Deinem Liebsten oder sogar einen Kurzurlaub nach Venedig?

ÜBERRASCHUNG!

Wenn es in Deinem Leben keine Kinder (eigene Kinder, Nichten, Neffen, Patenkinder) gibt, überspringe das nächste Kapitel und geh direkt zur Reflexion über das Entrümpeln des „Außen“!

Fast wie im Monopoly!

TAG 14 - KINDERZIMMER

Der Bonus für Mamas, Papas, Onkel, Tanten, Omas und Opas

Wenn ich bei Familien mit Kindern zu Gast bin (und ja, ich kann mich auch gerade noch so an meine eigene Kindheit erinnern), bin ich oft schockiert.
Die Kinderzimmer sind vollgestopft mit Spielsachen, das Wohnzimmer beherbergt Hüpftiere, den Kaufladen, die Kinderküche, dazu vielleicht noch Schaukeltiere oder das Bobbycar, auf dem Esstisch stapeln sich Malsachen.
Und zu jedem Geburtstag - das fängt schon beim ersten an - bringt die gesamte Mannschaft neue Plastikautos und Stofftiere und Krachmacher.

Viele Kinder sind damit völlig überfordert, können sich gar nicht mehr an ihren Spielsachen freuen, sind unkonzentriert und springen gestresst von einem Spiel zum anderen. Ihnen geht es so, wie Dir vor Deinem Kleiderschrank.
Das Zimmer voller Spielzeug, aber nichts zum spielen.

1. Aufgabe: Kompensiere nichts durch Konsum

Weißt Du, ich versteh es ja.
Als ich 2014 das erste Mal Tante wurde, hätte ich meine Nichte am liebsten mit allem überhäuft, was die Welt zu bieten hat. Ihr sollte es an nichts fehlen.
Halb scherzhaft kündigte ich an, ihr ihr erstes Pony zu kaufen. Weil ich als Kind selbst keines hatte.

Und da sind wir schon beim ersten Punkt, der weniger eine Aufgabe als ein Tipp ist.
Kompensiere weder eigene „Mängel", die Du in Deiner Kindheit erlebt hast, noch dass Du wenig Zeit hast, durch Konsum.
Deine Kinder brauchen Dich, keine 26 Kuscheltiere. Sie werden sich nicht an die Tommy-Hilfiger-for-Kids-Jeans in Größe 86 für 65 Euro erinnern, die sie mit eineinhalb zweimal getragen haben.
Sondern an die gemeinsamen Ausflüge in den Wald und dass Du sie in den Arm genommen hast, wenn sie traurig waren.

<u>Lektion #8</u>

> Für Kinder ist Zeit die kostbarere Währung. Und im Grunde gilt das ja auch für uns Erwachsene.

Meiner Nichte habe ich übrigens nichts zu

ersten Geburtstag geschenkt. Für das Geld besuche ich sie lieber alle 4 Wochen und verbringe intensiv Zeit mit ihr.

Davon hat sie mehr, als vom fünften Kuschelbären. Und der Moment, wenn ich aus dem Auto aussteige und sie mir mit lauten „DEA"-Rufen entgegenkommt ist eh unbezahlbar.

2. Aufgabe: Baue den Staudamm für die Flut an Dingen, die in Dein Heim kommen - schon vor der Geburt und immer weiter

Bei meiner Schwester habe ich erlebt, wie unendlich viel Kram man als werdende Eltern von seinem Umfeld bekommt.
Wehre den Anfängen! Sage Deiner Familie, Deinen Freunden und Bekannten, was Dein Kind braucht.

Die Erstausstattung werde ihr ohnehin selbst besorgen. Wünscht euch Gutscheine von Drogerien.

Sammle sinnvolle Wünsche auf einer Liste, die Du auf Nachfrage (oder Eigeninitiative!) vorbringen kannst.

Limitiere die Anzahl der Geschenke.
Apropos Limit.

3. Aufgabe: Sortiere das Spielzeug Deines Kindes aus

Je nachdem, wie alt Dein Kind ist, kannst Du das entweder selbst machen oder Dein Kind miteinbeziehen.
Da Du jetzt Platz im Keller geschaffen hast, kannst Du Spielzeug, das Du nicht weggeben möchtest, hier zwischenlagern.
Führe eine Rotation ein, die für euch funktioniert.

So hat Dein Kind immer wieder neue Anreize und Impulse. Bei älteren Kindern kannst Du ein Tauschsystem einführen.
Im Kinderzimmer sind nur 4 Spielzeuggruppen auf einmal.
Wenn es also die Eisenbahn (#5) möchte, muss es dafür ein Spielzeug eintauschen.
Je weniger Spielzeug Dein Kind hat, desto leichter fällt das Aufräumen!
Für Kinder sind übersichtliche, einfache Ordnungssysteme ideal.

Stoffkörbe oder Plastikkisten (ohne Deckel wegen der Erstickungsgefahr), die beschriftet sind und in die alles Spielzeug einer Gruppe hineinpasst.

> **Tipp:** Für kleinere Kinder kannst Du außen am Korb oder der Kiste ein Bild des Spielzeugs anbringen. So weiß es -

auch ohne Lesen zu können - wofür die Kiste gedacht ist.

Halte Dich fern von Drohungen wie: Alles, was bis heute Abend nicht aufgeräumt ist, wird weggeworfen.

Leere Worte oder rohe Behandlung bringen nichts. Geh mit gutem Beispiel voran, in dem Du in „Deinen“ Bereichen der Wohnung Ordnung hältst und führe schon bei kleinen Kindern eine Aufräumroutine ein.
Schon mit 2 Jahren könnt ihr vor dem Schlafengehen einen kleinen Aufräumwirbelwind veranstalten. Klar, das meiste räumst Du auf, aber so wird das Aufräumen etwas Natürliches, das eben dazugehört.

Tipp: Führe einen „Stehenlassen“-Bereich im Kinderzimmer ein, am besten in einer Ecke, damit das Kind (oder Du) nicht nachts über das Spielzeug stolpert.

In dieser Ecke (das kann ein kleiner Teppich sein oder ein Quadratmeter, der mit Kreppband markiert ist) kann das Spielzeug stehen gelassen werden, damit das Kind am nächsten Tag nicht alles neu aufbauen muss. Das funktioniert als Kompromiss meistens sehr gut.

4. Aufgabe: Sortiere und ordne die Kleidung Deines Kindes

Im Kleiderschrank Deines Kindes sollte nur Kleidung zu finden sein, die Deinem Kind aktuell passt und maximal die nächstgrößere Größe.

Sortiere alles aus, was
- zu klein ist,
- Dir oder Deinem Kind nicht gefällt,
- Flecken hat,
- irreparabel kaputt oder
- unpraktisch ist.

Ordne die Sachen nach Behalten, Wegwerfen und Verkaufen.

Wenn ihr noch weitere Kinder plant oder schon jüngere Kinder habt, behaltet die schönen, praktischen Kleidungsstücke. Wasche sie und packe sie nach Größen sortiert in Kartons.

Für ein neues Baby holst Du dann den 50/ 56 Karton aus dem Keller und wühlst Dich nicht durch sämtliche Kisten auf der Suche nach Babykleidung.
Alles, was Flecken hat oder kaputt ist, kannst Du direkt entsorgen.
Was Dir nicht gefällt oder unpraktisch ist,

kannst Du in Paketen verkaufen.
Werdende Mamis freuen sich oft über günstige Babykleidung, die das Kind ja ohnehin nur 2x trägt, bevor es schon wieder rausgewachsen ist.

Tipp: Du willst Dich nicht von allen Kleidungsstücken trennen? Wie wäre es, wenn Du Dein liebstes Baby-Outfit einrahmst und aufhängst?

<u>Lektion#9</u>

Kinder wachsen und das ist auch gut so. Genieße das Jetzt mit ihnen und trauere nicht dem „Früher“ hinterher. Die Zeit kommt nicht zurück, auch wenn Du alles aufhebst.

ZWISCHENSTAND - REFLEXION AUßEN

Und was ist Minimalismus eigentlich?

Yay, ich bin sehr stolz auf Dich! Du hast bereits mehr als die Hälfte geschafft!

Du hast durchgehalten und Dein Leben schon verdammt viel leichter gemacht. Klopf Dir gleich mal kräftig selbst auf die Schulter!
Wie geht's Dir bisher mit dem Entrümpeln? Hast Du Widerstände in Deinem Umfeld oder bei Dir selbst erlebt? Fällt es Dir leicht loszulassen? Nur teilweise?

Ich möchte diese kurze Atempause nutzen, um Dir mein Verständnis von Minimalismus näher zu bringen.

Was ist Minimalismus (für mich) und was ist es nicht (für mich und Dich)
Wenn ich mit anderen Menschen über ein „leichteres" Leben spreche, höre ich die ewig gleichen Erwiderungen:

- „Aber das könnte ich nochmal brauchen."
- „Nächstes Jahr ist der 40. Geburtstag meiner Schwester, da verwenden wir dann die ganzen (34087) Gläser."
- „Wir heiraten in 2 Jahren und brauchen das

Geschirr für den Polterabend."
- „Ich sammle Halstücher/ Nagellacke/ was auch immer."
- „Wenn ich endlich (fertig mit) XY bin, möchte ich wieder anfangen zu scrapbooken/ zu malen/ zu basteln/ zu nähen."

Eine Bekannte möchte sich nicht von ihren Büchern trennen, weil die für sie sind wie liebe Freunde.

Meine Schwester dachte das auch, lässt aber inzwischen mehr und mehr Bücher los, weil sie keinen Grund sieht, sie aufzuheben.
Du backst gerne und brauchst einen Grundstock an Messbechern, Schüsseln und Backformen.
Es gibt noch tausend andere Beispiele, aber Du siehst, was ich meine.
Mein Minimalismus, mein leichtes Leben ist völlig anders als Deines.
Meine Lebensumstände und Prioritäten unterscheiden sich vollkommen von Deinen.

> Eine gute Geschichte zu schreiben ist ganz einfach. Man muss nur die überflüssigen Worte weglassen.
> -Mark Twain

Diese Geschichte, von der Twain spricht, ist Dein Leben.

Minimalismus bedeutet nicht, dass Du in einem leeren, weißen Raum auf einer Matratze auf dem Boden sitzt, eine Hose und ein T-Shirt besitzt gekleidet und genau ein Paar Schuhe besitzt.

Ich selbst lebe auch nicht so.

Bei jeder Entrümpelungsrunde, die inzwischen eher einem sanften Aussortieren gleicht, weil da kein Gerümpel mehr ist, finde ich wieder einige Dinge.

Die masking tapes, die ich unbedingt mal brauchte, dann aber nie verwendet habe, weil 95% meines Schreibens digital passiert und ich auf dem Bildschirm so schlecht Tapes mit Einhornprint gebrauchen kann.

Die Brosche, die einer ähnelt, die meine verstorbenen Tante gerne trug. Ich brauche sie nicht, ich denke auch so immer wieder an sie. Spätestens dann, wenn ich meinen zweiten Vornamen schreibe.
Oberflächlich beschweren sie mich nicht, aber sie sind überflüssige Worte in meiner Geschichte.
Durch die Tipps in diesem Buch, die Tipps, über die Du in den letzten Tagen gestolpert bist, deren Umsetzung Dir schwerer oder leichter fiel, möchte ich Dich aufmerksam machen.

Minimalismus ist die Wertschätzung von Freiraum.
Aber was Freiraum für Dich ist, kann Dir niemand sagen. Ich nicht, Deine Mutter oder Dein Partner nicht. Nur Du selbst kennst die Geschichte, die Du erzählen willst.

Noch einmal möchte ich Dich aber auch auf etwas anderes aufmerksam machen: Oft haben wir ganz besondere Vorstellungen davon, wie etwas zu sein hat, wie „man" etwas „eben" macht. Stelle Deine Meinung in Frage. Nur weil Deine Mutter den „Tupperschrank" hat oder einen überfüllten Eingangsbereich, Du eine Tante hast, deren Wohnung eher an einen vollgestopften Antiquitätenladen erinnert, heißt das noch lange nicht, dass diese Konzepte für Dich funktionieren.
Oder auch: Behalte etwas nicht nur weil Du es geerbt hast, weil es Dich an jemanden erinnert, der nicht mehr da ist oder auch nur an „bessere" Zeiten.

Lektion #10

> Dein Leben findet jetzt statt - zu Deinen Konditionen. Mit genau den Besitztümern, den Terminen und Entscheidungen, die Du zulässt.

Gehen wir zusammen noch einen Schritt weiter?.

INNEN

Virtuelles und Innenleben

Deine Wohnung ist ein Spiegelbild dessen, wie es in Dir aussieht.

Nachdem Du das Spiegelbild jetzt einmal gründlich entrümpelt hast, wird es Zeit, dass Du Dir auch das Original vornimmst.

Im 21. Jahrhundert gehört dazu neben Deinem Innenleben auch Deine digitale Existenz, die wir uns in den nächsten Kapiteln näher anschauen.

Leben* wir los!

*Diesen wundervollen Freudschen Verschreiber habe ich absichtlich stehen gelassen.

TAG 15 - PRIORITÄTEN

Das Wesentliche und Notwendige

Bevor wir uns den weiteren Aspekten Deines Innenlebens widmen können, müssen wir zuerst einmal Deine Prioritäten klären.
Wenn etwas eine Priorität ist, hat es einen höheren Rang vor etwas anderem.

Es ist von größerer Wichtigkeit für Dich.
Du erinnerst Dich: in einigen Kapiteln habe ich bereits darauf hingewiesen, dass es beim Entrümpeln keine einheitlichen Regeln gibt.
Etwas, das mir wichtig ist, kann für Dich nebensächlich sein.

Und dabei ist eines weder besser noch schlechter als das andere.

Ein familiärer Mensch kann die nicht verstehen, die ihren Job vor die Menschen in ihrem Umfeld stellen.
Ein sehr heimatverbundener Mensch wird vermutlich nicht plötzlich alle Besitztümer los und reist mit Handgepäck um die Welt.
Ein geselliger Mensch liebt die vielen Termine in seinem Kalender und empfindet es als schwierig, viel Zeit mit sich allein zu verbringen.

Was ist Dir wichtig?

Es gilt also herauszufinden, was für Dich wichtig ist.

Wo liegen Deine Prioritäten und was zieht Dich an:

- Freiheit
- Familie
- Unabhängigkeit
- Zufriedenheit
- Abenteuer
- Abwechslung
- Teamarbeit
- Viel Zeit alleine
- Ruhe...?

Die Möglichkeiten sind endlos! Eine sehr gute Herangehensweise ist es, eine Müssen/ Wollen-Liste zu erstellen.

Mit ihr wird es ganz einfach, Deine Prioritäten festzustellen.

1. Aufgabe: Die Müssen/ Wollen-Liste

Nimm Dir hierfür ein Blatt Papier quer, zieh in der Mitte einen Strich und schreibe links MÜSSEN und rechts WOLLEN. Eine einfache Vorlage findest Du ebenfalls in den Ressourcen.
Ergänze nun alles, was Du in Deinem Leben tun musst und alles was Du tun willst.

MÜSSEN	WOLLEN
• Haushalt	• Partner
• Waschen	• Freunde
• Putzen	• Kochen
• Arbeit	• Laufen gehen
• ...	• ...

Alles klar?

Wenn's Dir geht wie mir, hast Du links eine ziemlich lange Aufzählung und rechts eine recht kurze, knackige Liste.

2. Aufgabe: Behalte die Und-Aufgaben

Wenn Deine Liste vollständig ist, markierst Du im nächsten Schritt alle Punkte, die sich auf beiden Seiten Deines Blattes finden.

Das ist schon gar nicht mehr so viel, oder? Wahrscheinlich sind es nur noch die Dinge, die auf Deiner Prioritätenliste wirklich was

verloren haben.
Aufgaben, für Die Du Deine Zeit nutzen möchtest.

Ein Beispiel: Bei mir wäre Putzen garantiert nicht auf der rechten Seite. Ich mag es gern sauber, opfere aber ungern meine kostbare Zeit für Staubsauger und Wischmopp.

Es ist wirklich wichtig, dass Du schonungslos ehrlich bist und Dich nicht selbst belügst!
Du musst der Mensch in Deinem Leben sein, dem Dein Wohlergehen am Herzen liegt.
Und genau so wie dieser Mensch das tun würde, hast Du Dir gerade eingestanden, welche Aufgaben im Leben Du als überflüssig ansiehst und an welchen Dein Herz hängt.
Das ist der größte Schritt auf dem Weg zum Prioritäten setzen und Du bist ihn schon gegangen!

Alle Punkte, die auf beiden Seiten Deiner Liste zu finden sind, bleiben in Deinem Leben. Diesen Aufgaben räumst Du gerne Zeit ein, weil Du es willst. Sie sind die ersten Prioritäten, die es in Dein neues, leichtes Leben geschafft haben.

3. Aufgabe: Löse kontroverse Punkte auf

Die Punkte, die nur auf einer Seite Deiner Liste zu finden sind, brauchen jetzt noch

einmal Deine Aufmerksamkeit.

Diese Punkte müssen wir uns vornehmen, wenn wir Dein Leben leichter machen wollen. Das sind die Aufgaben, die Du

- meinst zu müssen
- willst, aber die aus einem Grund ein Problem darstellen.

Denn sonst könntest Du sie ja einfach tun.

1. Schritt: Die Auflösung mit der Love it, change it or leave it-Technik

Für die Auflösung brauchst Du nur diese drei Prinzipien:

1. Alles bleibt wie es ist und Du kannst es so akzeptieren
2. Du änderst was.
3. Du lässt es gehen.

Beispiel: Wenn Dein Job nur auf der Müssen-Seite zu finden ist, hast Du diese Möglichkeiten:

1. Du bleibst in Deiner Firma und akzeptierst die Situation, wie sie ist.
2. Du veränderst die Punkte, die Dir an Deinem Job nicht gefallen oder lässt Dich in der Firma versetzen.
3. Du suchst Dir einen neuen Job.

Diese 3 Prinzipien lassen sich auf jedes Problem anwenden.

Tipp: Schränke Dich nicht selbst ein! Du hast es in der Hand, Dein Leben so zu gestalten, wie Du es Dir vorstellst. Nichts und niemand kann Dich davon abhalten!

2. Schritt: Umgang mit Müssen-Aufgaben, die notwendig sind, Dich aber viel Zeit oder Nerven kosten

Denk noch einmal an mein Beispiel mit dem Putzen. Klar, es muss geputzt werden, kostet aber viel Zeit und Nerven.
Wenn Du solche Fälle auf Deiner Liste findest, überleg Dir, ob Du sie delegieren kannst.
Für Aufgaben, die Dich unverhältnismäßig viel Zeit kosten, ist das eine gute Option.
Mache Dir am besten eine kurze Kosten-Nutzen-Analyse.

Klingt kompliziert? Ist es nicht!
Und Du hast schon wieder einen Grund für eine kleine Liste! Jippie!

3. Schritt: Eine Kosten-Nutzen-Analyse

Hier stellst Du zwei Dinge gegenüber:
Was musst Du ausgeben und was gewinnst Du dafür?

Wieder am Beispiel Putzen: 30€ in der Woche

gegen einen Nachmittag Freizeit, bessere Nerven oder sogar Zeit, in der Du Geld verdienen kannst?

Wenn Du die beiden Fragen „Lohnt es sich für Dich?“ und „Kannst Du es Dir finanziell erlauben?“ mit Ja beantwortest, dann delegier’ was das Zeug hält!
Nutze Deine Zeit für die Dinge, die Dir wichtig sind.

Lektion #11

> Setze Deine Prioritäten für Dein Leben und nicht für ein Leben, das andere von Dir erwarten. Oder für das Leben, von dem Du nur denkst, dass andere es von Dir erwarten. Du wirst merken, wie viel entspannter, ruhiger und gelassener Du bist.

Es wird Dir leichter fallen, auch mal Nein zu sagen, weil Du festgestellt hast, dass Dir Zeit in der Natur viel wichtiger ist als die dritte Party in einer Woche.

Du kannst Dich auf Deine Leidenschaft konzentrieren und Dich entfalten, statt Deine Zeit mit schmutzigen Socken und Küche putzen zu verbringen.

TAG 16 - KALENDER

Zeit- und Terminplanung

So, nun lass uns Deine frisch gesetzten Prioritäten gleich mal in die Tat umsetzen.
Früher war mein Terminkalender komplett vollgestopft.
Hier noch ein Meeting, da eine Verabredung, hier ein Arzttermin.
Inzwischen habe ich maximal 2 Termine pro Woche und ich liebe es.
Aber warum solltest Du Deine Zeitplanung überhaupt entrümpeln?
Oder fragst Du Dich gerade, wie zum Henker Du das anstellen und was genau Du streichen sollst?

Ich habe keine Zeit

Als ich noch in Vollzeit gearbeitet hab, saß ich etwa 45 Stunden pro Woche in der Firma.
Das war verdammt lang, ja. Und ich habe mich ständig beklagt.

Ich hatte keine Zeit für meinen Mann.
Ich hatte viel zu wenig Zeit für meinen Hund.
Für meine Freunde. Und für den Haushalt. Ja für den hatte ich mal gar keine Zeit.
Kannst Du Dich noch an das weiße Kaninchen aus Alice im Wunderland erinnern?

Es hoppelt durch die Welt, die riesige Uhr in der Hand und ruft andauernd „Ich habe keine Zeit!"
Und irgendwie gibt's da ganz schön viele Parallelen zu Deinem Alltag, oder?

- Ich habe keine Zeit für meinen Partner.
- Ich habe keine Zeit für meine Familie.
- Ich habe keine Zeit für meine Hobbies, für Sport, für Freunde...

All das wiederholen wir wie ein Mantra.
Doch die Wahrheit ist: Du hast diese Zeit sehr wohl.
Dein Tag hat 24 Stunden. Genauso wie meiner, wie der Deiner Freundin, die alles im Griff hat und der der Königin von England.
Alles was Du tun musst, ist es Dich zu entscheiden, wofür Du Deine Zeit verwenden willst.
Und da wären wir schon wieder bei Deinen Prioritäten.
Die Chancen stehen gut, dass es Dir schon mal so ging oder gerade im Moment so geht - denn sonst hättest Du vermutlich das Buch gar nicht gekauft.

Die Terminplan- Entrümpelungsaktion

Genau hier kommt das Großreinemachen Deiner Terminplanung ins Spiel.
Das gnadenlose Aussortieren der Dinge, mit denen Du Deine Zeit anfüllst.

Du fragst Dich jetzt bestimmt, wie das denn gehen soll, wenn Du:

- Vollzeit arbeitest
- in einer Beziehung bist
- ihr Kinder habt
- Zeit mit Deinem Freundeskreis verbringen willst
- diverse Hobbies ausübst
- einen Haushalt schmeißen musst
- und Dich weiterbildest

Die Antwort lautet: Gar nicht.
Vermutlich habe ich gerade Deine Erwartungen enttäuscht.

Sicherlich hast Du gedacht, ich verrate Dir einen ganz besonderen Trick, mit dem Du sämtliche Termine in Deinen Tag quetschen kannst, oder?
Nur gibt's den nicht.

Du kannst nicht auf allen Hochzeiten tanzen.
Du selbst musst entscheiden, wofür Du Deine Zeit verwenden möchtest.
Natürlich helfe ich Dir dabei!

Und ich habe gleich noch eine gute Nachricht: einen großen Teil der Arbeit hast Du gestern bereits erledigt.

1. Aufgabe: Termine und Aufgaben streichen

Mit der schönsten Aufgabe fangen wir gleich mal an.
Ich möchte, dass Du die Termine und Aufgaben streichst, die Du als überflüssig identifiziert hast.
Knallhart. Einfach so, mit einem dicken Stift oder einem bestimmten Swipe Deines Fingers. Und gleich jetzt.
Gönn Dir ruhig mal die Erfahrung, das monatliche Kaffeetrinken mit der Bekannten abzusagen, die jedes Mal ihren Seelenmüll bei Dir ablädt und sich dann komplett befreit und leicht von Dannen macht.

2. Aufgabe: Struktur schaffen

Der nächste Schritt für Deine neue Zeitplanung (2016 NE, nach Entrümpelung also) ist es, Dir eine Struktur zu schaffen, die für Dich funktioniert.

Hier geht's nicht darum, dass Du Deinen Tag bis auf die Sekunde durchtaktest.
Und selbst wenn Du jeden Tag 8 Stunden arbeitest, hast Du genügend Möglichkeiten, Deinem Tag ein Gerüst zu verpassen.
Bestimmt bist Du schon einmal über die Worte Morgen- und Abendroutine gestolpert.
Dabei handelt es sich um Rituale, die es Dir

einfacher machen, dem Stress zu widerstehen.
Ich stehe zum Beispiel jeden Morgen um 7 Uhr auf.
Die erste Stunde gehört dem Mann und mir, wir trinken gemütlich unseren Kaffee zusammen.
Dann geht er in die Arbeit und ich nutze die Stunde bis 9 Uhr für meine Morgenmeditation und sonstige Aufgaben, die noch nichts mit meinem Business zu tun haben. Um 9 Uhr fange ich an zu arbeiten.

- Wie kannst Du Deinen Tag strukturieren?
- Welche Routinen hast Du schon oder würdest Du gerne etablieren?
- Willst Du jeden Tag ein paar Minuten Sport machen, meditieren oder einen Mittagsschlaf halten?

Erstelle Dir eine grobe Übersicht, welche Schritte Du gehen musst, um diese Rituale einzuführen.
Müsstest Du 20 Minuten früher aufstehen?
Kannst Du Dich in der Mittagspause mit Deinem Wecker im Büro einschließen oder gibt es sogar einen Ruheraum in Deiner Firma?
Kannst Du mit Hilfe einer App wie Headspace das Meditieren lernen?

3. Aufgabe: Aufgaben bündeln

Welche Aufgaben in Deinem Leben (die die Müssen/ Wollen-Liste überlebt haben) kannst Du sinnvoll bündeln?
Führe feste E-Mail- oder Telefonzeiten ein.

> **Tipp:** Das geht auch im Büro. Sprich mit Deinem Chef und locke ihn über Deine steigende Produktivität.

Anstatt jeden Tag ein wenig zu putzen, komprimierst Du den Haushalt auf ein, zwei Stunden pro Woche. Noch weniger, wenn Deine Wohnung entrümpelt und/ oder klein ist. (Wir brauchen 30 Minuten - kein Witz!)
Mach Dir einen Essensplan und gehe einmal die Woche gezielt mit Deiner Einkaufsliste shoppen, statt jeden Tag 30 Minuten im Supermarkt zu verplempern.
Blockiere großzügig Zeiträume für Deine wichtigen Vorhaben in Deinem Terminkalender.
Und ja, auch für Deinen Mittagsschlaf. Plane mindestens 15 Minuten vor- und nachher ein. Glaub mir, Du willst nicht 2 Minuten nach dem Aufwachen ein wichtiges Telefonat führen.

So siehst Du auf einen Blick, wann Du Kapazitäten hast für Arzttermine, Kaffeetrinken mit Freundinnen,

Unternehmungen mit Deinem Partner...
Du fängst um 8:30 Uhr an zu arbeiten, möchtest aber die erste Stunde in Ruhe wichtige Aufgaben erledigen? Vereinbare in dieser Zeit keine anderen Termine!

Lektion #12

> Deine eigenen Bedürfnisse an die erste Stelle zu setzen, ist nicht egoistisch. Es ist notwendig, damit Du genügend Kraft hast, Dein Leben zu meistern. Erinnere Dich an die Sicherheitshinweise im Flugzeug: Bei einem Druckverlust setzt Du Dir Deine Sauerstoffmaske zuerst auf, dann hilfst Du anderen.

Übertrage dieses Prinzip in Deinen Alltag!

10 Tipps für die Planung Deines Tagesablaufs

Diese 10 Tipps helfen Dir außerdem, vom beschäftigten Kaninchen zur produktiven Macherin zu werden:

1. Gib Dir für jede Aufgabe länger Zeit als Du zu brauchen glaubst. Rechne jeder Aufgabe einen Puffer zu.
2. Geh einige Minuten früher aus dem Haus, als Du zu einer Verabredung brauchst. Warte lieber am Gleis auf den Zug, als in der letzten Minute hineinzuspringen.
3. Wenn Du die Planung von Meetings in der

Hand hast, lege sie auf den Vormittag. So bleibt Dir der Nachmittag für andere Aufgaben.

4. Plane jeden Tag nur 4-5 Stunden produktive Arbeit ein, lass den Rest Deiner Arbeitszeit frei für spontane Aufgaben.
5. Gib Dir nicht mehr als 2-3 große Tasks pro Tag.
6. Unterteile große Projekte in „action steps", also in kleine Etappen auf dem Weg zum großen Ziel.
7. Lass in der Früh die Finger von Deinem Smartphone und Deinem E-Mail-Postfach.
8. Reserviere diese ersten produktiven Minuten für die Aufgaben, die Dir leicht fallen, die Dir Spaß machen und die Deine „kreativen Säfte" brauchen.
9. Delegiere Aufgaben. Du musst nicht die ganze Welt alleine auf Deinen Schultern halten, Du bist nicht Atlas! Gib Zuständigkeiten ab.
10. Lerne, Nein zu sagen.
11. Bonustipp: Mach mehr Pausen! Steh auf, hol Dir ein Glas Wasser, atme mal tief durch. Pausen sorgen dafür, dass Du mit frischer Kraft weiterarbeiten kannst. Sorge für Dich!

TAG 17 - SMARTPHONE

Apps, Kontakte und Daten

Die meiste Zeit Deines Lebens verbringst Du nicht mehr mit Schlafen oder mit Deiner Familie, sondern mit Deinem Smartphone. Diese Zeit hast Du oft auch nicht berücksichtigt in Deiner Terminplanung.
Es liegt also nahe, dass wir uns diesen großen Aufmerksamkeitsmagneten als nächstes vorknöpfen.
Denn auf ihm hortest Du.

Mein iPhone hat 64 GB Speicherplatz.
Das war die halbe Kapazität meines ersten Computers. Heute trage ich diesen ganzen Speicherplatz jeden Tag in der Tasche herum.
So. viel. Platz. Warum also sparen?
Aus den gleichen Gründen, aus denen Du in Deiner Wohnung weiße Flächen und Leerräume schaffen solltest.
Sie wirken beruhigend auf Dich.

Suchst Du Dich auf der Suche nach diesem einen Foto von Deinem letzten Urlaub lieber durch 150 oder 1500 Bilder?
Brauchst Du sämtliche Nachrichten Deines Anbieters, in denen er Dir zum 13. Mal den Vertrag anbietet (Danke!) oder die unzähligen Apps, in denen Du Süßigkeiten über den

Bildschirm jagst oder virtuelle Haustiere fütterst?
Eben.

1. Aufgabe: Apps löschen

Fangen wir doch gleich einmal mit den Apps an.
Lösche zuerst die Apps, die Du seltener als jeden oder jeden zweiten Monat verwendest. Mir ist es lieber, sie rasch aus der Cloud zu ziehen, wenn ich sie doch brauche, als meinen Bildschirm zugemüllt zu haben.
Weiter geht's mit den Spielen, die Du eigentlich nicht spielen willst. Mit den Sozialen Netzwerken oder Messengern, die Dich nerven.
Lösche sie von Deinem Smartphone. Aus den Augen aus dem Sinn schaffst Du Dir so den nötigen Freiraum zum Durchatmen.
Tipp: Mach bewusst die Erfahrung, Facebook von Deinem Smartphone zu löschen. Die Benachrichtigungen häufen sich und plötzlich hast Du alle Zeit der Welt!

2. Aufgabe: Karteileichen identifizieren

Hast Du immer noch die Nummer des Frauenarztes aus der Stadt, in der Du vor vier Jahren gewohnt hast?
Die der Bekannten, mit der Du eigentlich keinen Kontakt mehr haben möchtest oder

die Deines Ex-Freundes?
Ja, auch Telefonnummern und Adressen darfst Du guten Gewissens löschen.
Geh jetzt gleich Dein Adressbuch auf der Suche nach „Karteileichen“ durch und befreie Dich von ihnen.

3. Aufgabe: Bilder und Videos evaluieren und sortieren

Ich habe keine Kamera mehr, sondern verwende ausschließlich mein Smartphone zum Fotografieren.
Und obwohl ich nicht ständig alles festhalte, häufen sich nach einiger Zeit doch wieder sehr viele Bilder an.
Wie in einem Fotoalbum behalte ich nur die ein oder zwei besten Bilder von einer bestimmten Situation und lösche den Rest.
Fotos, die ich auf Instagram gestellt habe, lösche ich meistens im Original.
Denn auch diese Apps sind hervorragende Fotobücher in sich, in denen Du die schönsten Momente noch einmal Revue passieren lassen kannst.
Habe keine Angst davor, dass Du versehentlich genau DAS Bild löschen könntest, das Dir dann fehlt.
Denn Du hast ja immer noch die Erinnerung in Dir.
Manchmal genieße ich es, Erinnerungen nur im Kopf und nicht „auf Film gebannt“ zu

haben. Sie werden so schön weichgezeichnet durch die verstreichende Zeit.
Bring Dich nicht um diese Erfahrung, dieser Vorgang hat seine Existenzberechtigung.

> **Tipp:** Auf dem iPhone bleiben gelöschte Bilder noch 30 Tage verfügbar. Wenn Du die Fotos vermisst, kannst Du sie jederzeit wieder herstellen. Bei mir war das erst bei einem von bisher über 250 gelöschten Bildern der Fall. Und das hatte ich tatsächlich aus Versehen gelöscht. So hast Du eine weitere Sicherheitsinstanz.

4. Aufgabe: Nachrichten entrümpeln

Mit Nachrichten halte ich es sehr ähnlich. Ich brauche keine Beweise, keinen Rückblick über die letzten 24 Monate einer Konversation.
In regelmäßigen Abständen lösche ich also die Verläufe (etwa in iMessage oder WhatsApp) und ich kann es Dir nur empfehlen.

> **Tipp:** Von schönen, herzerwärmenden Nachrichten mache ich Screenshots. So behalte ich den Inhalt, muss aber nicht den ganzen Verlauf gespeichert lassen.

TAG 18 - COMPUTER

Archiv, Musik und Dateien

Nach Deinem Smartphone folgt Dein Computer, Dein digitales Gehirn.
Alle anonymen Datenhorder heben jetzt bitte die Hand.
Höre ich ein Amen?

Bevor Du mit mir eine Selbsthilfegruppe gründest, wenden wir uns lieber dem Verschlanken Deines Computers zu.
Im Gegensatz zu Deinem Köpfchen, das Wissen nie wieder hergibt (egal wie unerreichbar es für Dich sein mag, ich sage nur Differentialgleichung...) hast Du hier nämlich die Wahl, welche Dateien Du in ihm gespeichert lassen möchtest.

1. Aufgabe: Ordner und Archiv anlegen

Hängst Du immer noch an der Bewerbung für Deine Ausbildung oder das Studium? Behältst Du Mustervorlagen, PDFs, Anträge und mehr? Großreinemachen ist angesagt!

1. Schritt: Lege Dir Ordner an, in die Du Deine Dateien sortieren möchtest.

Im Idealfall wendest Du hier dasselbe, logische Ordnungssystem an, das Du Dir beim Befüllen Deiner analogen Ordner ausgesucht hast.
So musst Du Dich nicht an 2 verschiedene Systeme gewöhnen und findest Dateien schnell wieder.
Das ist die einzige Empfehlung, die ich Dir geben kann.
Denn während ich einen Beleg für die Steuer ganz klar im Ordner Finanzen/ Buchhaltung/ Steuer suche, könnte das für Dich völlig unlogisch sein und Du würdest nichts mehr wieder finden.
Beispielordner, die sich für mich bewährt haben, sind:

- Buchhaltung, Finanzen, Steuern, Bank, Finanzamt, Unterordner für einzelne Jahre
- Anträge, Briefe, Kündigungen, Bewerbungen
- Ressourcen, E-Books, Unterhaltung
- Erfolg, Business, Unterordner für einzelne

Projekte
- Organisatorisches, Versicherungen, Telekommunikation, Internetanbieter
- Reisen
- ...

2. Schritt: Leere Deinen Downloadordner und Deinen Desktop.

Noch besser als auf der 2. Seite von Google (oder jetzt in Deinem aufgeräumten, leeren Keller!) könntest Du eine Leiche in Deinem Downloadordner verstecken.
Was einmal in ihn heruntergeladen wird, bleibt meist bis zum Sankt-Nimmerleinstag liegen.
Lösche rigoros, was Du nicht mehr brauchst. Verteile die restlichen Dateien in die übergeordneten Ordner, die Du gerade erstellt hast.

3. Schritt: Nimm Dir Deine bisherigen Ordner vor.

Sortiere sie grob vor und verteile die Dateien in die Überordner.
Beispiel: Bei mir landen alle Hotelbestätigungen, Bahnkarten und Flugtickets erst einmal im Ordner „Reisen". In ihm lege ich dann für jede Reise einen eigenen Unterordner an.
Also Reisen/ Berlin 08.-10.06.16

Teilweise kannst Du Deine bestehenden Ordner vollständig in Dein neues Ablagesystem verschieben.
Riskiere auf jeden Fall einen Blick hinein, ob Du wirklich alles noch brauchst, was drin ist.

4. Schritt: Lösche Duplikate

Wenn Du Dateien aus fremden Betriebssystemen geschickt bekommst oder Downloads aus Versehen zweimal anstößt, entstehen schnell Duplikate.
Sie verbrauchen unnötigen Speicherplatz.
Lösche sie jetzt gleich!

5. Schritt: Lege ein Archiv an

In Dein Archiv kommen alle Dateien, die Du nicht löschen willst oder kannst, die Du aber auch aktuell nicht verwendest.
Dieses Archiv kannst Du hervorragend in eine Cloud oder eine externe Festplatte auslagern.

2. Aufgabe: Digitaler Abstellraum

Du hast schon gemerkt, dass ich kein Fan von noch mehr Abstellfläche bin.
Der neue Trend, einen Raum anzumieten, in dem Du den Müll lagern kannst, den Du nicht brauchst, ist für mich das sinnloseste Geschäftsmodell der Welt.
Die einzige Ausnahme mache ich für digitale

Medien und Daten:
Wenn Du Dir noch nicht sicher bist ob Du die Daten endgültig löschen möchtest, organisiere Dir für wenig Geld einen Cloud-Speicherplatz wie Dropbox oder Google Drive.
Lagere die Dateien hier zwischen, nur lass sie nicht verstauben!
Wenn sie für Dich - wie der Inhalt Deines Kellers - aus den Augen und aus dem Sinn sind, lösche sie und spar Dir das Geld!

3. Aufgabe: Deine virtuelle Musikbibliothek

In Kapitel 5 haben wir uns ja bereits mit dem Loslassen von CDs und dem Stillen Deines Musikdurstes beschäftigt.
Dank der Streamingdienste musst Du nicht mehr jedes einzelne Musikstück besitzen, das Du jemals in die Finger bekommen hast.
Ein Musikwissenschaftler oder DJ hat natürlich andere Voraussetzungen als ich.
Ich finde es erfrischend, immer mal wieder durch meine Musiksammlung zu fegen.
So entdecke ich längst vergessenes und kann Stücke löschen, die ich noch nie gehört habe.
Meine Lieblingslieder bewerte ich in iTunes mit Sternen.
So fallen sie garantiert keinem Frühjahrsputz zum Opfer und ich habe gleich ein Bewertungssystem.
Folgendes lösche ich:

- ungehörte Stücke,
- die Alben, die ich mal heruntergeladen habe, von denen ich genau ein Lied wollte,
- die restlichen 19 der 20 Lieder eines Künstlers, von dem Du nur einen Song magst...

Lass sie gehen und mach wieder Platz für Neues.

4. Aufgabe: Aufgabe: Videos, Serien und Filme ausmisten

Da Videos noch einmal mehr Speicherplatz kosten, als Musik, lohnt es sich, sie aufzuräumen.
Lösche die Videos, die Du oft als Bonustracks bei Alben erhältst.
Schau Dir an, welche Filme und Serien Du auf Deinem Computer gespeichert hast.
Wenn Du keine schwachbrüstige Internetleitung hast, kannst Du Dir einmal gekaufte Medien (etwa aus dem iTunes-Store) immer wieder herunterladen und musst die Dateien nicht auf Deinem Computer horten.
Auch hier bietet sich, Du ahnst es bereits, die Möglichkeit an, Deine (legal erworbenen) Filme und Serien auf einer externen Festplatte bzw. in der Cloud zu speichern. Vergiss den zweiten Blick auf die Dateien nach einigen Wochen oder Monaten aber nicht.

Hier entscheidet sich, ob diese Lösung für Dich sinnvoll ist oder nicht.

5. Aufgabe: Fotos verwenden, sortieren und löschen

Auf Fotos bin ich im vorigen Kapitel schon genauer eingegangen, deshalb halte ich es hier kurz.
Lass Deine Bilder nicht auf Deinem Laufwerk versauern. Mach etwas aus ihnen!
Miste sie aus, eliminiere die siebte, achte, neunte Kopie und behalte nur das beste Bild.
Erstelle z. B. aus den Fotos Deiner Kinder Fotobücher.
So kann die ganze Familie die Bilder genießen und sie landen nicht in Deiner digitalen Schublade.
Fotos sind die einzigen Medien, die ich in einem digitalen „Abstellraum“ lagere.
Es kann Dir Sicherheit geben, wenn Du die aussortierten Bilder erst einmal „zwischenlagerst“ und nach einigen Wochen oder Monaten noch einmal entscheidest, was mit ihnen geschieht.
Aus Erfahrung weiß ich, dass es Dir mit fortschreitendem Bewusstsein leichter fällt, loszulassen.

Lektion #13

Fotos (genauso wie Erbstücke) sind für uns oft Zeitzeugen und beinhalten

Erinnerungen. Wir haben das Gefühl, wenn wir das Foto löschen oder den Gegenstand weggeben, verlieren wir automatisch auch die Erinnerung. Dem ist aber nicht so. Je mehr Du Dich mit dem Entrümpeln beschäftigst, desto leichter wird Dir das Loslassen „schwieriger“ Gegenstände fallen.

Du merkst, dass die Erinnerungen in Dir leben und dort viel dauerhafter sind, als in Form von Gegenständen.
Wenn Du noch nicht soweit bist, gib Dir die Zeit, Dich an diesen Gedanken zu gewöhnen und Deine Schuldgefühle loszuwerden.

Bonustipp für Autoren/ Dein Online Business/ Deine digitalen Projekte und Produkte

Behalte digitale Projekte, Produkte und Ideen im Archiv!
Kloppe sie nicht sofort in die virtuelle Tonne, nur weil Du gerade nicht an ihnen arbeiten möchtest.
Vielleicht ist die Zeit dieser Idee noch nicht gekommen.

TAG 19 - E-MAILS

Postfach und Newsletter

Eine Umfrage im Jahr 2014 hat ergeben, dass jede berufliche E-Mail-Adresse in etwa 18 Nachrichten erhält - täglich!
Bei mir sind nur 2 Jahre später tatsächlich oft mehr als das Doppelte. In meinen privaten und beruflichen Posteingängen!
Klar, ich habe mehr Postfächer als der Durchschnittsdeutsche. Momentan sind es 8, von denen jedes für einen eigenen Zweck da ist.
Bleibe ich hier aber nicht am Ball, werde ich schnell von einer E-Mail-Lawine begraben, aus der ich mich mühsam herausschaufeln muss.
Eine E-Mail nach der anderen, die evaluiert, beantwortet, archiviert oder gelöscht werden muss.

1. Aufgabe: E-Mails aussortieren und ordnen

1. Schritt: Lege für Deine E-Mails Ordner an

Jap. Ich bin ein Fan von Ordnern. Von Ordnern ist es nur ein kleiner Schritt zur Ordnung.
Teile Deine Nachrichten grob ein.
Häufig vorkommende Kategorien sind:

- Familie und Freunde
- Geschäftlich
- Projekt A, Projekt B...
- Bestellungen/ Rechnungen
- Reisen (Flugtickets, Hotelbuchungen...)

Scroll Dich durch Dein Postfach und schau Dir an, welche Kategorien sich wiederholen. Vielleicht weißt Du ja auch schon jetzt, welche Unterordner für Dich sinnvoll sind. Leg diese an und verschieb die Nachrichten gleich in den entsprechenden Ordner.

So suchst Du nicht minutenlang nach dieser einen Hotelbuchung und buchst vor lauter Verzweiflung ein überflüssiges Zimmer, sondern weißt genau, wo Du sie finden kannst. (Been there, done that.)

2. Schritt: Lösche einen Großteil Deiner E-Mails

Und damit meine ich wirklich einen Großteil. Am schnellsten geht es, wenn Du Dir Adressen heraussuchst, die Dir sehr viele E-Mails schicken.
Nach ihnen filterst Du Dein Postfach und löscht alles, was nicht wichtig ist (und deshalb verschoben werden muss) und Dir vor die Nase kommt.
Eine gute Faustregel sind weniger als 99 E-Mails im Posteingang, ganz ideal sind null.

Zero. Gar keine.
Denn dann hast Du wirklich das Gefühl, alles erledigt und keine ellenlange To Do Liste mehr zu haben.

2. Aufgabe: Newsletter ausmisten

Nutze heute ausnahmsweise die ersten Minuten Deiner Arbeitszeit dafür, Dich von einigen Newslettern, die Du nicht liest, abzumelden.
Klick den kleinen Abmelden-Button und genieße das Gefühl, ab jetzt eine leerere Inbox zu haben!

> **Tipp:** Lösche auch gleich die dazugehörigen E-Mails.

Ich nutze diesen Tipp regelmäßig und mein Leben fühlt sich jedes Mal sofort um einiges leichter an . Ein wunderbarer Effekt!
Wenn Du die Newsletter immer sofort löschst, dauert es natürlich etwas länger als nur einen Tag, Dich aus allen uninteressanten Angeboten auszutragen.

3. Aufgabe: Weiterdenken

Kannst Du diese Herangehensweise auch auf Deinen echten Briefkasten anwenden?
Klar, das ist ein bisschen aufwändiger, als auf ein Knöpfchen zu drücken.
Aber meistens reicht eine E-Mail oder ein

kurzer Anruf mit der Bitte, Dich aus dem Postverteiler zu löschen.
Da ich auch die andere Seite kenne, also nicht nur die des Empfängers von Werbepost, sondern auch die des Werbenden, weiß ich, dass Du damit nicht nur Dir einen Gefallen tust.
Auch Infopost verursacht Druck-, Direktmarketing- und Versandkosten und jedes Unternehmen freut sich über einen gut gepflegten Verteiler mit aktiven Interessenten. Und die Umwelt sowieso!

Übrigens: Alle Tipps funktionieren für Dein privates und Dein geschäftliches Postfach!

TAG 20 - KONTO

Daueraufträge und Abbuchungen

Ähnlich wie mit Schubladen oder Kisten im Keller gehen viele mit ihrem Konto um. Einmal eingerichtet stellt niemand mehr seine Ausgaben oder Daueraufträge in Frage. 8 Euro für die monatliche Zeitschrift, 49 Euro für's Fitnessstudio, 12,80 Euro für die Getränkelieferung ins Büro.
Für Tag 20 ändern wir das.

1. Aufgabe: Sichte Deine Daueraufträge

Zuerst schauen wir uns Deine Daueraufträge an.
In Deinem Online Banking funktioniert das ganz einfach in einer Übersicht.
Gibt es da etwas, das Du komplett vergessen hast?
Nutzt Du alle Services, für die Du bezahlst?
Wenn nicht, schreibe gleich Deine Kündigung an die jeweilige Firma.
Achtung: Storniere den Dauerauftrag nicht einfach so, sonst können Mahngebühren auf Dich zukommen.

2. Aufgabe: Sichte alle Abbuchungen der letzten 1-2 Monate

Wenn am Ende des Geldes bei Dir immer noch sehr viel Monat übrig ist, Du nicht weißt, wohin Dein Geld so geht oder Du Dich anderweitig nie mit Deinem Konto beschäftigst, ist es an der Zeit, einfach mal durchzuschauen.
Es geht hier erst einmal darum, dass Du ein Gefühl dafür bekommst, welche Beträge von Deinem Konto abgebucht werden.
Auch hier wieder die gleichen Fragen:

- Ist Dir alles klar, was abgebucht wird?
- Gibt es Abbuchungen, die Du nicht zuordnen kannst?
- Willst Du für alles zahlen, was abgebucht wird?

> **Tipp:** Rechne grob (oder genau) zusammen, wie viel Geld Du im Monat von Deinem Konto abhebst. Gerade, wenn Du Deine Kassenzettel nicht aufhebst und viel bar bezahlst, bei Bedarf einfach „neues" Bargeld abhebst, können hier monatlich einige hundert Euro Deinen Geldbeutel passieren.

Alle Abbuchungen, die automatisch von Deinem PayPal-Konto abgehen kannst Du Dir unter =>Einstellungen/ Zahlungen/ PayPal-

Zahlungen per Händlerabbuchung anschauen.
Hier siehst Du alle Abonnementzahlungen, Zahlungen durch automatische Abrechnung und durch Ratenzahlung und kannst diese auch direkt stornieren.

TAG 21 - BUDGET

Einnahmen und Ausgaben

Heute gehen wir noch einen Schritt weiter. Nachdem Du Deine Abbuchungen der letzten ein, zwei Monate gesichtet, Deine Daueraufträge und Abbuchungen entrümpelt hast, bist Du schon ein bisschen genauer informiert was Deine Finanzen angeht.
Weißt Du, wie viel Geld Du monatlich einnimmst und ausgibst?
Hast Du einen Überblick darüber, wie viel Du sparst oder generell auf Deinem Konto übrig bleibt?

Es gibt Menschen, die sind von Natur aus finanziell weise.
Ähnlich wie Naturschlanke haben sie ganz natürlich im Gefühl, wie viel Geld sie verbrauchen und geben ganz automatisch weniger oder maximal so viel aus, wie ihnen zur Verfügung steht.
Bist Du Teil dieser Gruppe?
Herzlichen Glückwunsch!

Stelle sicher, dass Du monatlich einen Teil Deiner Einnahmen beiseite legst oder investierst und alles ist gut.

Wenn es Dir aber nicht so geht und am Ende

des Geldes noch viel Monat übrig ist oder Du regelmäßig von unerwarteten Rechnungen überrascht wirst, ist dieses Kapitel genau das richtige für Dich.
Mir ging es lange genau so.

Ich kaufte wie blöd ein und stopfte die Löcher auf meinem Konto mit Dispokrediten und geliehenem Geld.
Schwarze Zahlen kannte ich nicht, jedes Gehalt reichte gerade so aus, um mein Konto kurz vor der nächsten Abbuchungsrunde wieder auszugleichen.
In manchen Monaten klappte noch nicht mal das.

Das große Umdenken fand erst statt, als ich mich mit den Angewohnheiten reicher Menschen auseinandersetzte und meine Finanzen auf Vordermann brachte.

- Inzwischen wächst mein Polster in jedem Monat - obwohl ich deutlich weniger verdiene, als noch zu Festanstellungs-Zeiten.
- Ich habe angefangen, vorsichtig in Aktien und im großen Stil in meine Weiterbildung zu investieren.
- Ich schlafe endlich ruhig und weiß genau, wann welche Rechnungen ins Haus flattern. Die Rechnungen kann ich sofort bezahlen.

Klingt das gut in Deinen Ohren?

Ich hoffe es, denn wir legen jetzt gleich los und bringen Dich auf den Weg dahin!

1. Aufgabe: Führe ein Haushaltsbuch

Der erste Schritt auf dem Weg zu einem realistischen Budget ist immer ein Haushaltsbuch.
Für Dein Budget benötigst Du einen Überblick über Deine Finanzen in einem gewissen Zeitraum.
Wenn Du die Posten Deines Budgets schätzt, wirst Du nachher ziemlich viel Anpassungsarbeit vornehmen müssen.
Diesen Schritt kannst Du Dir - manchmal nicht komplett, aber großteils - ersparen, wenn Du von vorne herein die Haushaltsbuch-Route gehst.
Aber: Es ist völlig normal, dass Du an Deinem Budget drehst und mit ihm arbeitest. Dein Budget ist ein Prozess und genauso flexibel, wie Dein Leben selbst. Es ist nicht in Stein gemeißelt!

1. Schritt: So führst Du Dein Haushaltsbuch

Im Zeitschriften- oder Buchhandel findest Du sehr gute Vordrucke für Dein Haushaltsbuch, ein ganz normales Heft tut es aber auch!
Wenn Dir das zu analog ist, gibt es natürlich auch gute Apps, die genau diesen Zweck erfüllen.

Für einige Tage solltest Du Dir jede einzelne Ausgabe notieren:
Von der Fahrkarte für den ÖPNV, über Zeitungsabonnements bis hin zum Starbucks-Kaffee unterwegs.

2. Schritt: Schreib alles auf!

Denn wenn man sich mal bewusst vor Augen führt, was man so alles ausgibt, fängt Mensch gern an, Ausgaben nicht zu notieren, weil man sich schämt oder sie gar nicht zu tätigen. Dass Du sie nicht tätigst, ist ein guter Effekt (funktioniert übrigens auch beim Essenstagebuch hervorragend).
Dein Haushaltsbuch sollte Dir aber einen Überblick über ein, zwei, drei ganz normale Wochen oder Monate geben.
Deshalb, rein damit, auch wenn's der 6. Nagellack in zwei Wochen ist!
Tipp: Wenn Du alles mit Karte zahlst oder Deine Kassenzettel sammelst, kannst Du eine vorläufige Version Deines Budgets anhand dieser Angaben erstellen.

2. Aufgabe: Die Auswertung Deines Haushaltsbuchs

Die Auswertung Deines Haushaltsbuchs machst Du am besten an einem grauen Sonntag, wenn Du lang genug im Bett gelegen hast.
Alles, was Du brauchst ist ein Taschenrechner (oder Dein Smartphone), ein Block und einen Stift.
Lies Dir Dein Haushaltsbuch einmal durch und überlege Dir als ersten Schritt Kategorien, in die Du Deine Ausgaben einteilen kannst.
Die überträgst Du dann entweder in eine Liste oder ein Excelsheet.
Addiere alle einzelnen Kategorien und notiere Dir die Summen auf einen Schmierzettel/ in Deine Exceltabelle.

Wenn Du alle Kategorien beisammen hast (keine Sorge, Du kannst jederzeit noch eine hinzufügen, wenn Dir eine durchgerutscht ist!), nimmst Du Dir Deinen Budget-Vordruck zur Hand.

3. Aufgabe: Verteile das Geld, das Du monatlich zur Verfügung hast auf die Kategorien Deines Budgets

1. Schritt: Unveränderliche, regelmäßige Ausgaben (Fixkosten)

Zuerst trägst Du alle unveränderlichen Ausgaben ein.
Zu ihnen gehören:
• Deine Miete/ Darlehensrate,
• Strom, Rundfunkbeitrag,
• Kreditraten/ Schuldentilgung,
• Versicherungen,
• der Beitrag für's Fitnessstudio usw.

Die Beträge bleiben jeden Monat gleich und ändern sich nur selten (z.B. durch eine Mieterhöhung oder die Anpassung der Strompreise...)
Deine Fixkosten sind die Ehrengäste Deiner Party.
Sie sind die, die als erstes ein Stück vom Kuchen kriegen.
Und Du stellst sicher, dass sie auch alle zufrieden sind.

2. Schritt: Deine variablen Kosten

Der Rest Deines Budgets ist für die veränderlichen und unregelmäßigen Ausgaben da.

Er wird der Wichtigkeit nach aufgeteilt.
Es gibt keine pauschale Aussage: gehst Du lieber 2x die Woche feiern, als Lebensmittel zu kaufen? Ist Dir Dein Lieblingshobby wichtiger, als jemand anderem ein Auto?
Die Wichtigkeit bestimmst Du.
Nehmen wir als Beispiel Dein Lebensmittelbudget. Um auf den Betrag zu kommen, der monatlich für Lebensmittel vorgesehen ist, nimmst Du Dir alle Werte, die Du errechnet hast.
In den letzten Monaten hast Du einmal 350€, einmal 410€ und einmal 385€ für Lebensmittel ausgegeben hast.
Diese drei Summen rechnest Du jetzt zusammen, teilst sie durch 3 und erhältst als Mittelwert 381,67€. Du setzt also für Lebensmittel monatlich 390€ an.
In einem Monat wird der Betrag höher sein (das Olivenöl ist leer, Spargel hat Saison), im nächsten Monat ist er geringer, aber er pendelt sich immer ungefähr auf dem Niveau von 390€ ein.
Genauso verfährst Du mit allen regelmäßigen, veränderlichen Ausgaben.

3. Schritt: Unregelmäßige, planmäßige Ausgaben einrechnen

Hier gehören sie hin, die Rechnungen, die so ganz plötzlich mal in Deinen Briefkasten flattern und alles durcheinander bringen.

Mir kamen sie immer so vor, wie der erste Schnee für die Bahn.
Jedes Jahr im Dezember schneit es PLÖTZLICH ganz unerwartet und keiner hat's auch nur ahnen können!
Damit Dir das nicht passiert und nichts Deinen „laufenden Betrieb" lahm legt, begib Dich bei der Erstellung Deines Budgets auf die Jagd.
Diese und ähnliche Posten suchst Du:

- Jährliche Abonnements
- Autosteuer und -versicherung,
- Urlaube...

Der Betrag dieser Posten bleibt so gut wie gleich und unterliegt kaum Schwankungen.
Alle Beträge teilst Du durch 12 und fügst dieses eine Zwölftel Deinem Monatsbudget hinzu.
Das Geld kannst Du entweder per Dauerauftrag auf Dein Tagesgeldkonto überweisen oder auf Deinem normalen Konto lassen.

Ich bevorzuge es, das Geld auf ein anderes (Spar-/Tagesgeld)Konto zu überweisen. Die Daueraufträge benenne ich je nach Kategorie, so fällt mir die Nachverfolgung leichter und ich weiß immer genau, wie viel Geld ich schon beiseite gelegt habe.
Auf dem Tagesgeldkonto kann Dein Geld zudem Zinsen verdienen und Du bist weniger

geneigt, es auszugeben, als wenn es auf dem Konto dümpelt.
Mach Dir am besten eine Notiz in den Kalender und lass Dich vom Smartphone oder Deinem Computer daran erinnern, das Geld rechtzeitig umzubuchen.
Kalkuliere 1 Woche Vorlauf ein.
Die Kosten für einen Urlaub kannst Du natürlich nicht Monate im Voraus zu 100% voraussagen - außer Du bist notorische Frühbucherin.

Aber bestimmt kannst Du abschätzen, welche Summe Du einplanen möchtest.
3 Wochen Backpacking in Albanien im August? 600 Euro pro Person, macht 85 Euro, die Du von Januar bis Juli monatlich dafür zurücklegen musst.

4. Schritt: Ungeplante Ausgabe kalkulieren

Denkst Du Dir jetzt, ich bin von allen guten Geistern verlassen?
Wie und vor allem warum sollst Du für Dinge Geld einplanen, von denen Du noch nicht mal weißt, ob sie jemals eintreten?
Glaub mir, als ich angefangen habe, mich mit meinem Budget auseinander zu setzen, habe ich diesen Punkt überhaupt nicht verstanden.
Aber je mehr ich mich belesen hatte, desto klarer wurde es mir.
Denn auch das Ungeplante kannst Du bis zu

einem gewissen Grad mit einplanen.
Und wenn es dann eintrifft, bist Du gewappnet.
Wenn nicht, freust Du Dich über eine - unter Umständen - beachtliche Summe Geld, die Du anderweitig zur Verfügung hast.
Gute Beispiele für ungeplante Ausgaben sind:

- Steuerrückzahlungen,
- Nebenkostennachzahlungen an Deinen Vermieter,
- der neue Computer, weil der alte den Geist aufgibt,
- ein neues Auto wegen eines Totalschadens...

Für die ersten beiden Punkte zum Beispiel budgetiere ich monatlich jeweils 10€.
Diese 120€ im Jahr mögen nicht die ganze Rechnung decken.
Aber müssen wir eine Nachzahlung leisten in Höhe von 150€ pro Person, muss ich nur noch 30€ statt die volle Summe von meinem Budget abzweigen.
Wenn Du Dir einen neuen Computer kaufst, ist es sinnvoll, die Anschaffungskosten auch gleich wieder für den nächsten zu veranschlagen.
Dein neues MacBook nutzt Du also ungefähr 3 Jahre; das wäre auch die Nutzungsdauer laut der Abschreibungstabellen, die in der Wirtschaft verwendet werden.

Die 1600€ teilst Du durch 36 Monate und

erhältst eine monatliche Rate von knapp 45€. Wenn Du dieses Geld jeden Monat zur Seite packst, hast Du in 3 Jahren ganz entspannt schon das Geld für Deinen neuen Laptop beisammen – unabhängig davon, ob Du es noch 1 oder 2 Jahr länger benutzt oder nicht. Tipp: Falls die Ausgaben nicht eintreten, kannst Du das Geld für die Zukunft in Deinem „Fonds" lassen oder es für etwas Anderes nutzen.

Wie wär's mit einem Urlaub? Ich verspreche Dir, dass kaum eine Reise sich so schön genießen lässt, wie eine, die nicht auf Pump gekauft wurde.

TAG 22 - LIFESTYLE

Hobbies, Essen und mehr

Früher verbachte ich verdammt viel Zeit in Shoppingzentren und Einkaufsstraßen, immer auf der Suche nach dem nächsten Schnäppchen.
Immer auf der Suche nach dem nächsten Paar Schuhe, Pullover, der nächsten elektronischen Spielerei.
Hey, keine Sorge, Du bist nicht erneut im „Konto“-Kapitel gelandet!

In unserer Konsumgesellschaft gehen Kaufen und Lifestyle oft Hand in Hand.
Shopping wurde mein Zeitvertreib.
Geld ausgeben und vor allem das Konsumieren waren mein Lebensinhalt.
Irgendwann hatte ich sowas von genug und beschloss, mich auf Entzug zu begeben.
Ich wollte nicht mehr in meine Konsumtempel pilgern.
Plötzlich trudelte Paket um Paket bei uns Zuhause ein. Denn statt mich in Geschäften herumzutreiben, shoppte ich jetzt eben online.

Erst als der Mann mich zu einer Intervention bat und mir den Spiegel vorhielt, habe ich langsam hinterfragt, wieso ich das mache.

Und Stück für Stück konnte ich damit aufhören. Wie Du dahin kommst, das schauen wir uns jetzt Schritt für Schritt an.

1. Aufgabe: Identifikation Deiner unliebsamen Angewohnheiten

Wir alle haben sie.
- Wir rauchen, wir trinken zu viel (Alkohol, Coke...) oder zu wenig (Wasser),
- wir essen zu viel (Übergewicht) oder zu wenig (Untergewicht, Kreislaufprobleme...),
- wir jammern,
- wir kaufen zu viel ein,
- wir überziehen unser Konto,
- wir lästern,
- wir fangen alles an und bringen nichts zu Ende,
- wir hetzen durch unser Leben oder
- prokrastinieren den ganzen Tag.

Notiere Dir im ersten Schritt alles, was Du schon immer mal ändern wolltest.
Vom Wunsch sportlicher zu sein, über die Aufgabe der wöchentlichen Shoppingausflüge bis hin zur dritten Zigarette auf Parties, nach der Dir garantiert immer schlecht ist.

Wenn Du nichts findest, hör Dich mal in Deinem Umfeld um. Worüber kommt es immer wieder zum Streit? Was fällt anderen

an Dir auf?

Dabei geht's nicht darum, dass Du Dich um jeden Preis an die Erwartungen Deines Umfeldes anpasst oder sie sich Deinen Charakter wie bei „Wünsch Dir was" formen! Aber manchmal sieht Dein Umfeld mehr als Du selbst sehen willst.

Denk nur an meinen Mann und meine Shoppingexzesse.

2. Aufgabe: Identifiziere das Warum hinter Deinen unliebsamen Angewohnheiten

Warum bist Du die Angewohnheiten bisher noch nicht losgeworden?

- Glaubst Du, Du kannst es nicht schaffen
- Denkst Du, Du hast es Dir verdient?
- Welche tieferen Probleme stecken dahinter?
- Welche Probleme versuchst Du dadurch zu lösen?
- Was motiviert Dich?

Ich habe zum Beispiel versucht, durch das Shopping Löcher in meinem Leben zu stopfen.
Ich war unglücklich und unzufrieden mit allem.
Also kaufte ich. Erlebte dieses kleine Glücksgefühl. Nur um mich danach noch

schlechter zu fühlen; spätestens beim Blick auf mein - wieder mal - überzogenes Konto.

3. Aufgabe: Überlege Dir Gegenmaßnahmen - babysteps!

Unliebsame Angewohnheiten wirst Du nicht von heute auf morgen los.
Wenn Du mit Übergewicht kämpfst (been there, done that), hilft es wenig wenn Du Dir vornimmst, ab morgen jeden Tag der Woche ins Fitnessstudio zu gehen. Das machst Du einen Tag, zwei Tage. Am dritten ist das Wetter schlecht. Am vierten die Couch so bequem.
Fang mit kleinen Schritten an! Nimm die Treppe, achte darauf, dass Du weniger Kalorien zu Dir nimmst, als Du verbrauchst.
Wenn Du mehr Wasser trinken willst, stell Dir morgens, mittags und abends einen Liter Wasser auf den Schreibtisch, die Du nebenbei trinkst.
Trink beim Weggehen nicht mehr 4 sondern nur noch 2 Cocktails.
Rauche nur noch 3 Zigaretten täglich statt 1 Schachtel.
Auch Schritt für Schritt kommst Du ans Ziel!

4. Aufgabe: Führe ein Achtsamkeitstagebuch

Wenn Du mit diesen babysteps nicht weiterkommst, sich neue Gewohnheiten einschleichen oder Du immer wieder in alte Muster rutscht, empfehle ich Dir ein Achtsamkeitstagebuch.

Bevor ich in die Klinik ging, wog ich fast 100kg. Ich überfraß mich bei jedem Essen, mir war ständig übel und ich nahm kontinuierlich zu, trotz Ernährungstagebuch.
Also fing ich an, mir aufzuschreiben, wie ich mich bei jeder Mahlzeit gefühlt habe. Oder ich reflektierte hinterher, was mich dazu bewegt hatte.
Warum esse ich gerade den Schokoriegel? Wie geht's mir? Was ist passiert? Was kompensiere ich gerade?
Trinkst Du vielleicht immer zu viel, weil Du denkst, nur so bist Du witzig genug für Deine Freunde?
Machst Du Dich so „mal locker", weil Du keine Spaßbremse sein willst?
Warum lenkst Du Dich von der Arbeit ab? Hast Du Angst davor, ein Ergebnis abzuliefern und Dich dem Feedback Deines Umfeldes auszusetzen?
Schreibst Du nicht an Deiner Hausarbeit, weil Du Panik vor dem Ende Deines Studiums hast?
Warum ist Dein Tag so vollgestopft? Warum

gönnst Du Dir keine Pausen?
Was kompensierst Du damit? Warum darfst Du nicht zur Ruhe kommen?
Weil nur faule Menschen ruhen und produktive Menschen immer beschäftigt sind?
Manchmal findet unser Unterbewusstsein die absurdesten Gründe, wieso wir etwas tun oder lassen.
Mach Dich auf die Suche nach Deinen Gründen.

Lektion #14

Emotionale Löcher mit Shopping/ Essen/ Alkohol/ Selbstkasteiung zu stopfen funktioniert nicht. Arbeite lieber daran, diese Probleme zu ändern als an Deinem selbstzerstörerischen Verhalten festzuhalten.

TAG 23 - BEZIEHUNGEN

Familie, Partnerschaft und Freundschaft

Wenn es um soziale Beziehungen geht, bewegen sich viele von uns zwischen den Extremen völliger Aufopferung und Selbstverständlichkeit.
Gleichzeitig erlebst Du, dass gute Kontakte nicht mehr wohltun, dass Du Dich in eine andere Richtung entwickelst, Beziehungen nicht mehr glücklich machen.
Und trotzdem hältst Du fest.
Die folgenden Tipps helfen Dir, Deine sozialen Beziehungen auf den Prüfstand zu stellen.
Zu jeder Aufgabe werde ich Dir heute eine kurze Anekdote aus meinem Leben erzählen, damit Du nachvollziehen kannst, woher der Tipp kommt, was ich damit meine und auch was nicht.

1. Aufgabe: Familienbande auf den Prüfstand stellen und die positiven festigen

Als ich das erste Mal bei einem Therapeuten saß, versuchte er nach 3 Sitzungen sämtliche Schuld an meinen Problemen meinen Eltern in die Schuhe zu schieben.
Das erschien mir im ersten Moment genau die Lösung: Endlich wusste ich, wer Schuld hat! Doch dann merkte ich, dass das zu

einfach war.
Meine Schwester - mit den gleichen Eltern aufgewachsen - hatte ganz andere Ansichten als ich. Und noch was: ich merkte, dass meine Eltern auch „nur“ Menschen sind.
Menschen mit all ihren Fehlern und wunderbaren Eigenschaften, mit Erinnerungen und Erfahrungen, mit eigenen Eltern...
Seither arbeite ich intensiv an den Familienbanden, die mir persönlich sehr wichtig sind.

1. Schritt: Verwandte, die Dir nicht gut tun:

Wenn Du merkst, dass Dir Menschen nicht gut tun, die Patentante, die Dich kleinredet, der rassistische Cousin, der trinkende Onkel, lass sie aus Deinem Leben gehen.
Oder nimm Dir zumindest eine Pause. Seid ihr euch nicht nahe und kannst Du gut ohne sie? Reduziere den Kontakt auf ein Minimum.
Wenn ihr euch nahe steht und Du die Person gern in Deinem Leben hättest: Sprich an, was Dich stört.

2. Schritt: Verwandte, die Dir wohltun:

Halte den Kontakt in einem Maß, das für Dich OK ist.
Du möchtest nur einmal im Monat telefonieren? Du willst nicht jede Woche zum

Kaffeekränzchen antanzen?
Findet eine Lösung, die für beide Parteien funktioniert. Ihr seid erwachsene Menschen!
Sprich Probleme direkt an, auch Deine Familie kann keine Gedanken lesen.
Das kann gerade in einer Eltern-Kind-Beziehung eine große Überwindung sein, aber Du bist jetzt einer von ihnen.
Du bist erwachsen, es ist an der Zeit, in Deine Rolle hineinzuwachsen.

2. Aufgabe: Deine Beziehung ausmisten

Als es mir vor 2 Jahren nicht gut ging, wollte ich mich trennen.
Der Mann „funktionierte" nicht so, wie ich das erwartete. Die Trennung schien mir der einfache Ausweg.
Wie Du bereits gemerkt hast, sind wir immer noch ein Paar. Wir haben nicht aufgegeben, nicht wie Teenager die gemeinsame Zeit weggeworfen. Wir haben an unserer Beziehung gearbeitet, wie erwachsene Menschen das eben tun.
Eigentlich klar, ich sag's aber dennoch: Ich spreche hier von normalen Differenzen, wie sie in Beziehungen zwischen zwei erwachsenen Menschen auftreten. Wenn euer „Pferd" gestorben ist, wenn Du physisch oder psychisch angegriffen wirst - mach Dich so schnell wie möglich auf den Weg raus da!

1. Schritt: Werde 1 schlechte Angewohnheit los

Gerade in längeren Beziehungen schleifen sich oft Muster ein, die immer wieder gleich ablaufen, wenn ihr euch nicht mehr gegen sie wehrt.
Gehst Du bei Deinem Partner immer vom schlimmsten aus? Verstehst Du absichtlich falsch, was er sagt? Hörst Du nicht richtig zu? Unterbrichst Du ihn, wenn er redet?
Sei ehrlich zu Dir selbst, identifiziere eine Sache und wirf sie heute noch in den Müll.

2. Schritt: Mach Deine Beziehung zu einer Priorität

Wenn Du Deine Beziehung weiter oben schon als hohe Priorität eingeordnet hast, geh gleich weiter zum nächsten Schritt.
Wenn nicht, bist Du Dir sicher, dass Du die Beziehung aufrecht halten möchtest? Ja? Wunderbar!

Handle auch so! Gib Dich nicht selbst auf für Deinen Partner, darum geht's nicht.
Ihr seid ein Team und ihr beide navigiert gemeinsam durch die stürmische See, die sich Leben nennt. Fangt an, euch so zu verhalten und arbeitet zusammen.

3. Schritt: Lass alte Verstimmungen gehen

Wenn Du Deinem Partner ständig vorwirfst, was er sich vor 6 Tagen, Wochen Monaten, Jahren „geleistet“ hat, werdet ihr euch nie weiterentwickeln.
Ihr seid keine kleinkarierten 13-jährigen mehr. Ihr seid Menschen, Menschen machen Fehler und Erwachsene legen diese Fehler zu den Akten, wenn sie darüber geredet und einander vergeben haben.
Siehst Du die guten Dinge an Deinem Partner überhaupt noch?
Sagt er nie „Ich liebe Dich“, nimmt Dich nach dem Nachhause kommen aber erstmal in den Arm? Kauft er Dir zum Valentinstag keine Blumen, bringt aber vom Einkaufen immer die Coke Zero mit, weil er weiß, dass Du sie gerne trinkst?
Richte Deine Aufmerksamkeit auf die Fülle, nicht auf den Mangel.

4. Akzeptiere, was Du nicht ändern kannst

Ich werde leicht aggressiv, wenn Frauen sich „Rohdiamanten“ aussuchen um aus ihm den perfekten „Stein“ zu schleifen, mit dem sie sich schmücken können.
Ja klar, in Beziehungen beeinflusst man sich gegenseitig, man wächst aneinander, geht Kompromisse ein und entwickelt sich gemeinsam weiter.

Aber Du kannst andere Menschen nicht verändern, sondern nur verändern, wie Du selbst auf sein Verhalten, auf seine Person reagierst.
Du gehst gern auf Parties, Dein Partner aber nicht? Du magst die Musik nicht, die er hört? Er trägt nicht die Kleidung, die Dir gefällt? Akzeptiere es und - erinnere Dich an die löchrigen Socken - geh mit gutem Beispiel voran.
Mein Mann war zum Beispiel nicht in intensivem Kontakt mit seiner Mutter. Ich habe meine teilweise mehrmals täglich angerufen (sorry Mama).
Inzwischen haben wir uns unbewusst gegenseitig beeinflusst und uns jeweils auf einem Mittelweg eingependelt. Jackpot!

3. Aufgabe: Menschen gehen lassen

Halt, natürlich nicht alle!
Außer Du hast einen unglaublich toxischen Freundeskreis, der Dich nur heruntermacht, Dich zu (selbst)zerstörerischem Verhalten anstachelt und Dir nicht wohltut.
So wie mein Freundeskreis zu Teenagerzeiten. Als mir aus mehreren Ecken harte Drogen angeboten wurden, trennte ich mich und habe es nie bereut.
Dass Dir sowas bevorsteht, ist recht unwahrscheinlich.
Dennoch haben viele von uns sie in ihrem

Leben: einen, zwei, drei Menschen, die Dir nicht gut tun.
Deine beste Freundin, die sich so verändert hat, dass ihr euch nichts mehr zu sagen habt und nur noch zofft?
Die Bekannte, die bei euren Treffen ihren Seelenmüll bei Dir ablädt und Dich zombiegleich zurücklässt.
Die Kollegin, die alles schwarzmalt und über die ganze Abteilung lästert - hinter Deinem Rücken auch über Dich?

1. Schritt: Identifiziere nicht wohltuende Kontakte

- Wer fällt Dir hier sofort ein?
- Wen versuchst Du verzweifelt, in Deinem Leben zu halten, obwohl nichts zurückkommt?
- Wem hast Du nichts mehr zu sagen?
- Wer ist ein Energievampir?

2. Schritt: Lasse sie los

Es passiert, Menschen entwickeln sich in unterschiedliche Richtungen.
Oft bist es auch Du selbst, die sich verändert.
Deine Prioritäten verschieben sich.
Dein Leben ist im Fluss und wandelt sich ständig.
Du möchtest nicht mehr lästern, Du greifst Deine Probleme an, anstatt sie bei Freunden

zu deponieren und deren Leben zu beschweren.

Wenn Du Dich entscheidest, Menschen, die Dir nicht gut tun, gehen zu lassen, gibt es mehrere Vorgehensweisen.
Deiner besten Freundin gegenüber solltest Du so fair sein, mit ihr zu sprechen. Ihr müsst ja nicht gleich miteinander „Schluss machen". Sag ihr, dass sich eure Leben verändern und ihr nicht krampfhaft aneinander hängen solltet. Kostet diese Veränderungen aus. Wenn eure Freundschaft das übersteht, ist es wunderbar.

Wenn nicht: da draußen gibt es immer wieder Menschen, die Dir nahestehen werden und die Dich auf Deinem Lebensweg begleiten - wenn auch nur bis zur nächsten Kreuzung.
Je nachdem wie nah Dein Energiefresser und Du euch steht, sag ihr, dass Dich ihre Probleme belasten und Du Dich nicht in der Lage siehst, ihr zu helfen. Wenn die Probleme sehr tief gehen, braucht sie vermutlich eher professionelle Hilfe.
Ist sie ein Mensch der Sorte Energievampir, der sich Deine Lösungsvorschläge anhört und dann genauso weitermacht wie bisher? Lass sie guten Gewissens gehen und steige auf keine Terminvorschläge ein.

Hab keine Geduld mit negativen Menschen,

die für jede Lösung ein neues Problem erfinden! Sie nutzen Dich aus.
Weise Lästerbacken oder Schwarzmaler in ihre Schranken. Dreht ihr euch um das gleiche Problem in der Abteilung? Schlage vor, gemeinsam eine Lösung zu finden.
Lästert sie über eine Kollegin, die Du magst? Halte ihr den Spiegel vor und sage deutlich, dass Du darauf nicht einsteigst.

ZIELGERADE - REFLEXION INNEN

Emotionen des Entrümpelns

Während ich für Dich geschrieben habe, bin ich durch alle Phasen des Entrümpelns gegangen.
Die Erfahrung war so intensiv, dass ich mich gerade, in der letzten Phase angekommen, um Worte kämpfen muss, weil ich mich leer fühle.
Auf eine wunderbare Art und Weise.
Aber lass mich von vorne beginnen.
Im Umgang mit Gefühlen gibt es oft mehrere Zustände, die wir durchlaufen. So lässt sich der Trauerprozess meist in 4 Phasen einteilen. Ganz ähnlich läuft das Leichter machen des Lebens ab.

Du erinnerst Dich: ich habe in diesem Buch mehrmals die Worte Fluss oder Prozess verwendet, um das Entrümpeln zu umschreiben.
Auf der Zielgerade möchte ich mir mit Dir diese Abschnitte genauer anschauen.
Sie kommen Dir unter Umständen schon bekannt vor. Denn die meisten Phasen habe ich im Laufe des Buchs schon einmal erwähnt.
Ich möchte sie für Dich noch einmal aufschlüsseln, damit Du gewappnet bist für

die nächsten Tage. So weißt Du, welche Gedanken Dir in welcher Phase durch den Kopf gehen. Und Du bist auf sie vorbereitet!

1. Phase: Nicht wahrhaben wollen

Der ganze Ballast in Deinem Leben scheint kein Problem für Dich zu sein. So unordentlich ist es doch gar nicht. Das gehört so!
Juhu, ein Prospekt! Schlussverkauf - na so ein Glück!
Ich hebe das für schlechte Zeiten auf. Das bekommen meine Kinder mal. Ich mochte das doch so gerne.
Ich sollte wirklich mal aufräumen. Schon wieder zu spät gekommen, warum schaffe ich es nicht, pünktlich zu sein? Die meint das nicht so, die würde nie so über mich reden. Geld allein macht eh nicht glücklich.

2. Phase: Wut

Du bist an dem Punkt angelangt, an dem Du Dich wie in einer Falle fühlst, in die Ecke gedrängt von all Deinem Krempel. Du wirst Du sauer.
Für so einen Scheiß hab ich so viel Kohle bezahlt. Ich hab das nie getragen, die Preisschilder hängen sogar noch dran!
Ich hab so hart dafür gearbeitet, meinen Kindern alles zu ermöglichen. Mein

Schuldenberg wird immer größer. Wir können uns das nicht leisten. Das ist alles die Schuld meines Partners.

3. Phase: Feilschen

Wie schaffst Du Ordnung? Klar, mit dem richtigen Ordnungssystem! Du brauchst ganz dringend 15 dieser tollen Plastikboxen von Ikea, dazu noch ein paar Regale und alles ist super!
Wie wärs, wenn wir in eine größere Wohnung umziehen. Oder gleich ein Haus. Ja, ein Haus mit einem großen Keller und endlich mehr Platz. Dann ist es nicht mehr so beengt.
Beim Umzug könnt ihr dann auch ausmisten.
Genau, das ist die Idee. Oder Moment mal.
Wie viel kostet denn eines dieser Self-Storage-Abteile? Das kann doch nicht so teuer sein.

4. Phase: Tun

Self storage? Bist Du von allen guten Geistern verlassen? Auch noch Kohle dafür zahlen, dass jemand anderes Deinen Müll einlagert, oder was?
Ich weiß gar nicht mehr, was in diesen blöden Boxen überhaupt drin ist. Vermisst habe ich nichts davon. Was kann ich noch ausmisten?
Und ehrlich, brauchen wir echt noch mehr Platz? Nachdem wir so viel losgebracht

haben, könnten wir ja auch in eine kleinere Wohnung ziehen. Das Geld, das wir dadurch sparen, können wir für Reisen ausgeben! Diese tiny homes sehen ja auch toll aus. Na gut, wenn wir mal Kinder haben, könnte es eng werden. Aber die ersten Jahre schlafen die eh bei uns. Und in der Früh könnten Kinder und der Hund einfach raus in die Natur. Ist eh besser, als dieser ganze Plastikscheiß.

5. Phase: Frei sein

Alles, was Du ziehen lässt, jeder Ballast, den Du aus Deinem Korb wirfst, macht Deinen Ballon leichter.
Du hast auf einmal mehr Geld, Zeit und Platz, als Du jemals gedacht hättest.
Warum hab ich so lange gewartet. Wenn unsere kleine Wohnung jetzt abbrennen würde, wären wir den restlichen Ballast auch noch los. Naja, könnte ich ja auch so machen. Dieses Buch da zum Beispiel, warum genau hab ich das aufgehoben? Das lese ich nicht mehr. Wieder ein bisschen leichter. Fühlt sich echt gut an. Da fällt mir ein, meine Jeans ist kaputt. Die hatte ich jetzt wirklich lang. Tolle Qualität. Mir graust es jetzt schon vor den überfüllten Läden in der Fußgängerzone. Wie konnte ich früher meine Lebenszeit freiwillig da verbringen?
Aber egal, alles ist anders. Ich bin endlich frei.

ZIEL - GESCHAFFT!

Herzlichen Glückwunsch, meine Liebe!

Du bist am Ziel!
Ich möchte, dass Du Dir jetzt sofort kräftig auf die Schulter klopfst.
Du kannst so wahnsinnig stolz auf Dich sein!
Ich bin es auf alle Fälle!

Du hast den Entschluss gefasst, Dein Leben soll leichter sein und Du bist aus der Lethargie ins Tun gekommen. Und jetzt erntest Du, was Du gesät hast: Deine Freiheit!
Das ist mehr, als sehr, sehr viele Menschen von sich behaupten können.

Sind Deine Wohnung und Dein Leben noch nicht perfekt entrümpelt?
Mach Dir deshalb keine Sorgen.
Perfektion ist gar nicht existent, deshalb lohnt es sich auch nicht, nach ihr zu streben.
Und wie wir gerade noch einmal gesehen haben, das Leichter machen Deines Lebens ist ein Prozess.

Eine Leserin schrieb auf Facebook so treffend:
„Es ist immer wieder unglaublich, wie viele vermeintlich emotional aufgeladenen Dinge es durch mehrere Umzüge schaffen. Hab

heute „Tschüss“ gesagt und es fühlt sich gut an.“
Dinge, von denen Du Dich heute noch nicht trennen kennst, werden Dir in einigen Wochen oder Monaten völlig überflüssig vorkommen.

Nämlich dann, wenn Du merkst, dass Du emotional weniger an ihnen hängst, als gedacht.

Tauch ein in den Fluss des Lebens, geh den ersten Schritt und genieß die Reise!

23 AFFIRMATIONEN FÜR EIN LEICHTERES LEBEN

1. Ich lebe ein leichtes Leben.
2. Ich habe alles, was ich brauche.
3. Jeder Tag ist ein Neubeginn für mich.
4. Die längste Reise beginnt mit einem einzelnen Schritt. Ich vertraue darauf, dass ich in die richtige Richtung gehe.
5. Ich bin in allen Bereichen meines Lebens frei.
6. Je leichter mein Leben wird, desto glücklicher bin ich.
7. Ich gebe Dinge frei.
8. Ich selbst entscheide, was in meinem Leben Platz hat.
9. Ich gehe alle Schritte des Weges voller Zuversicht und Vertrauen.
10. Ich liebe mich selbst und liebe mein Leben. Es ist in meinem Interesse, in meinem Leben selbst zu bestimmen.
11. Ich lasse alle meine Ängste frei, nicht perfekt zu sein. Ich bin gut, ich bin genug, ich bin auf meine eigene Art perfekt.
12. Ich lasse alle Erwartungen los. Ich bin frei, das Leben zu leben, von dem ich träume.
13. Besitztümer nähren meine Seele nicht. Ich bin befreit vom Wunsch, Dinge zu horten.
14. Ich lasse das Verlangen los, andere

kontrollieren zu wollen. Jeder geht seinen Weg, so wie ich meinen gehe.

15. Ich verabschiede mich von den Dingen in meinem Leben, die mein Wachstum und meine Freiheit behindern.
16. Ich sehe mein leichtes Leben vor mir.
17. Ich befreie meinen Geist von den Ketten der Vergangenheit und forme die Gegenwart nach meinen Vorstellungen.
18. Erfahrungen, Erinnerungen und Gefühle sind nicht an Dinge gebunden, sie sind in mir.
19. Ich lebe mein Leben ohne Beschränkungen. Mein Leben ist grenzenlos.
20. Der richtige Zeitpunkt ist jetzt. Ich begegne dem Moment neugierig und offen.
21. Ich lasse alte Scham los. Ich bin dankbar für die Lektionen, die mich vergangene Fehltritte gelehrt haben.
22. Ich umarme eine „Weniger ist mehr"-Mentalität.
23. Ich fühle mich wohl damit, mein Leben leichter zu machen und jeden Tag Ballast abzuwerfen.

CHECKLISTE

		✓
Tag 2	Küche I	
Tag 3	Küche II	
Tag 4	Wohnzimmer I	
Tag 5	Wohnzimmer II	
Tag 6	Schlafzimmer	
Tag 7	Kleiderschrank I	
Tag 8	Kleiderschrank II	
Tag 9	Büro	
Tag 10	Badezimmer	
Tag 11	Flur	
Tag 12	Keller I	
Tag 13	Keller II	
Tag 14	Kinderzimmer	
Tag 15	Prioritäten	
Tag 16	Kalender	
Tag 17	Smartphone	
Tag 18	Computer	
Tag 19	E-Mails	
Tag 20	Konto	
Tag 21	Budget	
Tag 22	Lifestyle	
Tag 23	Beziehungen	

DANKSAGUNG

Elias, für Deine Partnerschaft, die konstante Unterstützung, den Fels in der Brandung und vorgehaltenen Spiegel.

Kilian, für das schönste Auf-den-Kopf-stellen meines Lebens.

Hamlet, für die bedingungslose Liebe.

Frieda, Karin, Daniela, Sophie und Nele, vier Generationen von Frauen, die mich mehr inspirieren und mir mehr bedeuten, als sie ahnen.

Ernst, für die Zuneigung trotz der Unterschiede.

Meinem Lektor Matthias, für die Hilfe und das Feedback.

Suzanne, für die Freundschaft und den Raum, den Du frei hältst.

ÜBER DIE AUTORIN

Andrea, Jahrgang 1987, lebt mit Mann, Sohn und Hund in München.

2014 gründete die gelernte Bürokauffrau den Blog So little time. Ihr Ziel ist es, ihre eigenen Erfahrungen und learnings auf dem Weg zu einem selbstbestimmten, leichten Leben mit anderen jungen Frauen zu teilen, denen es ähnlich geht. Heute inspiriert sie andere Frauen dazu, endlich die Führungsposition in ihrem Leben einzunehmen, für die sie gemacht sind und ihre Zeit für die Dinge zu nutzen, die ihnen wirklich wichtig sind.

Andrea betreibt mehrere Blogs, hat zwei Online Kurse und inzwischen drei Bücher veröffentlicht. „Mach Dein Leben leichter" ist ihr erster Ratgeber.

Noch mehr Informationen gibt es auf andreadorisarnold.de

IMPRESSUM

So little time

Andrea Arnold, geb. Drexl
Stiftsbogen 68
81375 München

hallo@solittletime.de
https://solittletime.de

Im Selbstverlag erschienen.

Coverfoto: © Contributor: x4wiz, via bigstockphoto.com
Stand: Juli 2017

23148146R00113

Printed in Poland
by Amazon Fulfillment
Poland Sp. z o.o., Wrocław